GLOCAL BUSINESS
MARKETING

포스트코로나 시대를 위한
글로컬비즈니스마케팅

이지은 저

(주)백산출판사

이 저서는 2021학년도 배재대학교 교내학술연구비 지원에 의하여 수행된 것임
This work was supported by the research grant of Pai Chai University in 2021.

차례 C·o·n·t·e·n·t·s

Chapter 1

글로컬비즈니스마케팅의 이해 · · · 5

Chapter 2

글로컬비즈니스마케팅의 사례 분석 · · · 33

Chapter 3

글로컬 문화 콘텐츠의 이해 · · · 51

Glocal Business
Marketing

글로컬비즈니스
마케팅의 이해

CHAPTER

1 글로컬비즈니스 마케팅의 이해

제**1**절 | 글로컬비즈니스마케팅의 이해

글로컬라이제이션(glocalization)은 로컬 제품이 인기를 얻어 글로벌 파급력을 지닌 후 다시 다른 지역 문화와 결합해 새로운 제품으로 탄생하는 것이다. 이제는 단순히 좋은 제품, 좋은 콘텐츠를 개발하고 판매하는 데 그쳐서는 글로벌 시장에서 살아남기가 어렵다. 이제는 지역 콘텐츠를 살려서 글로벌 시장을 겨냥하는 방식으로 글로컬라이제이션을 고려해야 할 때다. 글로컬비즈니스마케팅은 로컬(local) → 글로벌(global) → 글로컬(glocal)의 단계적 발전을 거쳐 완성된다. 글로컬은 글로벌과 로컬의 합성어이다(임동욱, 2009). 세계화를 추구함과 동시에 해당 지역의 문화 혹은 고객의 니즈에 맞는 제품 및 서비스를 제공하는 것이다. 글로컬라이제이션은 1980년대 말에 등장한 마케팅 개념으로, 목표시장의 지역적 특성이나 현지 풍토를 제품이나 서비스에 적용하는 것을 의미한다. 이는 세방화, 지구지역화, 현지세계화 등으로 번역된다. 세계화 및 표준화로 발생하는 이익뿐만 아니라 지역특화로 인한 이익도 큰 경우에 글로컬라이제이션 전략을 수행하는 것이 이상적이라 볼 수 있다.

글로컬라이제이션이란 전 세계 시장을 대상으로 국경 없는 경영을 하면서도 지역별로는 해당 시장의 특정한 욕구에 맞는 마케팅 전략을 실행한다는 의미이다. 글로컬라이제이션은 세계화의 '확장성(expansion)'과 현지화의 '최적화(optimization)'가 조화된 개념이다. 기업들이 해외 진출 사업의 전략적 실행 방식에 대해 글로컬 경영을 중요시하는 이유는 사업 성공에 필요한 요소들을 세계화와 현지화라는 두 가지 관점에서 균형감 있게 도모하기 위해서이다. 성공한 글로컬 전략은 공통적으로 3단계로 이루어진다. 1단계는 Local로 지역적 특색과 정체성을 담은 제품 및 서비스로 해당 지역의 인지도를 확보하기 위해 노력한다. 2단계는 Global로 참신함과 차별성으로 글로벌 시장에 진출하여 소비자 관심도 증대를 하기 위함이다. 3단계는 Glocal 단계로 현지 정서와 니즈를 반영한 제품 및 서비스의 글로컬화이다(삼성 SDS).

글로벌 기업이 철저한 현지화로 성공한 사례로는 헐리우드의 영화, KFC의 중국시장 진출, 맥도널드가 한국에 진출하여 불고기버거를 출시한 것이 대표적인 성공사례라고 할 수 있다. 글로벌 기업이 지역성과 생활양식을 무시했다가 실패한 사례로는 까르푸와 월마트의 한국시장 철수, 마이크로소프트의 한글과 컴퓨터 인수 포기 등이 있다. 즉, 효과적인 글로컬비즈니스마케팅은 로컬 → 글로벌 → 글로컬의 흐름으로 진행된다고 볼 수 있다.

제**2**절 | 글로컬비즈니스마케팅의 발달과정

1900년대 초까지만 해도 글로벌 다국적 기업들은 다른 지역에 진출해 마케팅을 할 때 지역 문화를 배려하지 않았다. 문화적 차이나 다양성에 대한 고려 없이 지구촌 전 지역에서 동일한 방식으로 판매하는 일방적인 전략을 펼쳤을 뿐이다. 하지만 이제는 더 이상 지역별 특성을 고려하지 않고는 해당 지역에서 좋은 성과를 낼 수 없는 시대다. 특히 해당 지역의 문화를 외면해서는 승산이 없다. 현지화(localization)를 반영한 마케팅 전략이 요구되는 때이다.

생산 공장을 해외로 이동하고 해당 지역 거주민을 고용하는 전략만으로는 현지화에 성공했다고 볼 수 없다. 경제적 강자가 경제적 약자에게 시장 개방을 요구하는 일방향성과 획일성을 극복하고 다른 사람과의 관계를 공통분모로 하는 새로운 마케팅 전략을 실행해야 한다. 지역의 요구에 부응하는 전략을 꾀하지 않는 글로벌 기업은 더 이상 존속할 수 없다.

개인과 마찬가지로 기업과 국가는 주변을 포함한 관계의 연합으로 규정할 수 있다. 기업이 지속적으로 성장하기 위해서는 경쟁업체와도 원활한 관계를 지속하면서 서로의 미래를 공유할 수 있어야 한다. 해외 진출 시 해당 지역들과 내밀한 문화적 소통을 유지하고 문화적 교환을 시도하며, 서로에게 유익한 공유문화를 만들어가는 것이 가장 중요하다. 이때 좋은 수단이 되는 것이 콘텐츠다.

공유문화의 기본 전제는 쌍방향성의 존중이다. 강자가 약자에게 가하는 top-down 방식의 일방적인 지시는 저항을 부를 수 있다. 쌍방향성을 존중하지 않으면 정당성을 얻을 수 없으며 타 문화의 문이 열리지 않는다. 문화는 기술이나 과학과 달리 글로벌 스탠더드라는 개념이 통하지 않는데 이는 문화의 심층은 외부 세력이 치밀한 전략을 세우고 압력을 가해도 쉽게 열리지 않기 때문이다.

각 문화는 그 국가의 고유성이 있다. 문화적 차원에서의 현지화 전략을 추구할 때 글로컬이라는 개념이 등장한다. 세계와 지역이 합성된 신조어인 글로컬은 쌍방향성을 특징으로 하며, 향후 경제와 문화를 주도할 이념이다. 세계성은 지역성에 의해 수정되고 변경된다는 개념을 근간으로 한다(박치완, 2013). 세계적인 것과 지역적인 것의 동시성에 대한 새로운 인식을 담고 있으며 타인과의 관계를 중요하게 여기는 태도를 사상적 자양분으로 삼는다(박치완 등, 2009). 콘텐츠를 수단과 목적으로 삼아 다른 지역에 침투하고자 할 때 핵심적으로 고려해야 할 기본적인 요소이다.

제**3**절 글로컬비즈니스마케팅의 적용 범위와 특징

글로컬비즈니스마케팅은 글로벌 기업의 지역시장 진출 또는 지역 콘텐츠의 세계시장 공략이라는 양면적 특성이 있다(임동욱, 2009). 글로컬라이제이션을 세계지역화(global localization)로 이해하면 기업이 선택한 지역화 전략은 세계화의 연장 또는 강화에 불과하다는 인상을 준다. 글로컬라이제이션은 세계지역화가 아닌 지역세계화(local globalization)로 이해해야 한다. 해당 지역을 피동적인 소비시장으로 보지 않고 스스로 적극적인 생산의 메카가 되도록 하는 전략이다. 글로벌 기업은 해당 지역의 문화를 연구하고 반영하여 창조적이고 자발적인 참여를 유도해야 한다(Cohen & Kennedy, 2007).

세계화는 세계 여러 지역사회 내부의 각 부분이 범세계적으로 서로 밀접하고 자유롭게 연결되는 상황 혹은 과정을 총칭하는 용어이다. 세계화는 현대식 자유방임주의의 원리가 정치, 경제, 외교 등 모든 면에 포괄적으로 작용하면서 전 세계가 미국중심의 자본논리로 재편되어가고 있는 세계 단일화를 의미한다. 세방화(glocalization)는 세계화에 대한 대안으로 제안된 글로컬라이제이션이 세계적인 동시에 지역적이기 때문에 세계성은 지역성에 의해 수정되고 변경된다는 내용을 함축하고 있다(김영재, 2011).

글로컬비즈니스마케팅은 로컬 → 글로벌 → 글로컬의 단계적 발전을 거쳐 완성된다. 로컬 제품이 인기를 얻어 글로벌 파급력을 지닌 후 다시 다른 지역 문화와 결합해 새로운 제품으로 탄생하는 것이다. 세계 각지에 진출하는 해외 글로벌 기업들은 해당 지역의 문화적 특색을 고려한 글로컬라이제이션 전략을 제품에 적용한다. 미국 기업에서 이런 사례를 많이 찾아볼 수 있다. 예를 들어, 맥도널드는 로컬 제품(햄버거)으로 자국 시장(미국 시장)의 우위를 차지한 다음 전 세계적로 진출하였다. 국내에서는 미국식 햄버거에 불고기 패티를 넣은 불고기버거를 출시했다. 한국인이 전통적으로 즐겨먹는 불고기를 기존 제품과 결합한 것이다. 전형적인 글로컬비즈니스마케팅 전략으로 볼 수 있다. 코카콜라가 과일주스 시리즈에 한국식 재료를 추가한 미닛메이드 벌꿀유자를 판매하는 것도 비슷한 사례다.

펩시콜라도 세계 각국에서 활발한 글로컬 마케팅을 펼치고 있다. 브라질 정부가 인공감미료 사용을 법으로 규제하자 펩시는 라임을 콜라에 첨가하고 이를 의인화해 브라질에 특화된 광고를 제작했다. 라임은 천연감미료로 사용되면서도 브라질 국기의 바탕색과 같은 초록색으로 유사한 컬러감을 주기 때문이다. 다른 광고에서는 브라질 전통축제 카니발에 쓰이는 삼바 리듬을 축구 문화와 결합해 젊은이들의 무의식에 펩시콜라를 각인시켰다. 러시아에서는 3색 국기의 색깔을 그대로 광고에 활용해 코카콜라의 아성에 도전장을 던지기도 했다. 이처럼 미국에서 시작된 로컬 제품들이 글로벌 시장 진출에 성공한 후 개별지역 점유율을 높이기 위해 다시 로컬의 이미지를 채택하는 양상을 글로컬비즈니스마케팅의 대표적인 사례들로 볼 수 있다.

제4절 | 글로컬라이제이션과 문화

글로컬 시대에 부합하는 마케팅 전략을 수립하기 위해서는 다른 문화에 대한 치밀한 분석을 실행하는 것이 우선이다. 이 과정에서는 해당 지역 콘텐츠를 이해하고 흡수해 자사 상품이나 서비스와 결합하는 작업은 필수적이다. 이것이 바로 글로컬비즈니스마케팅 전략이 문화 마케팅과 떨어질 수 없는 이유다.

글로컬라이제이션은 세계적이고 보편적인 문화와 지역적이고 특수한 문화가 상호작용하면서 새로운 문화를 창조한다는 측면에서 하나의 문화적 현상으로 주목받았다. 글로컬라이제이션은 문화적 다원주의에 의해 다른 향유가능한 문화들을 지속적으로 생산할 수 있도록 하는 과정으로 볼 수 있다(롤런드, 2000).

글로컬라이제이션은 글로벌 기업이 자신의 상품을 지역시장에 맞추는 것이 아니라, 오히려 글로벌 기업의 상품과 문화 중에서 지역에 적합한 것을 선택하고 변형시킴으로써 새로운 것을 창조하려는 지역시장의 창조적 참여를 이끌어내는 것이다(박치완, 김성수, 2009). 문화교류는 일방적 전파나 도입의 형식으로 진행하게 되면 실패할 수밖에 없기 때문에 국가 간 상호 호혜의 원칙이 문화장벽의 문을 여는 핵심이라 할 수 있다(박치완, 2011). 로컬과 글로벌의 만남을 통해 새로운 다양성을 창조하는 글로컬라이제이션은 보존, 전파, 생산이라는 문화 자체의 고유 속성들과 잘 부합되는 개념이라 할 수 있으므로(김영재, 2011), 글로컬문화콘텐츠는 Global cultural contents와 Local cultural contents가 잘 혼용된 새로운 형태의 문화 콘텐츠라고 볼 수 있다(박치완, 2011).

글로컬 문화 콘텐츠는 로컬문화가 글로벌화된 콘텐츠라고 할 수 있다. 한류 콘텐츠, 헐리우드 영화, 재패니메이션 모두 지역성과 지역색을 가지고 있으면서 세계 시장으로 판매되고 있다. 이 콘텐츠들은 문화적 지역성에 성공하였고, 동시에 보편화에 도달할 수 있었다. 우리는 문화 안에서 살고 있고, 문화는 장소 종속성을 띄기 때문에(조부근, 2009), 문화가 창조되는 장소는 문화에 반영될 수밖에 없다(Ryan, 2010).

문화 마케팅은 크게 문화 판촉(sales), 문화 연출(synthesis), 문화 지원(sponsorship), 문화 기업(style), 문화 후광(spirit)의 5가지 요소로 구성된다.

문화 판촉은 문화를 광고 판촉 수단으로 활용하는 것이며, 문화 연출은 제품이나 서비스에 문화적 이미지를 체화하여 경쟁사 제품 및 서비스와 차별화하는 것이다.

문화 지원은 자사의 홍보나 이미지 개선을 위해 문화 활동 단체를 지원하는 것으로 문화마케팅의 주류를 이룬다.

문화 기업은 새롭고 독특한 문화를 상징하는 기업으로 포지셔닝하는 것이며, 문화 후광은 국가의 문화적 자산과 브랜드 파워를 기업 마케팅에 적극 활용하는 것으로 국가 브랜드 구축과 관계가 깊다(김소현, 황용철, 2013).

	문화판촉(sales)	문화연출(synthesis)	문화지원(sponsorship)	문화기업(style)	문화후광(spirit)
문화적 적용범위	좁음 ――――――――――――――――――――――――――― 넓음 →				
특징	상품중심	상품이미지중심	후원중심	기업이미지중심	국가이미지중심

[그림 1-1] 문화마케팅의 적용범위와 특징(DBR, 2014)

문화마케팅의 유형을 자세히 살펴보면, 첫째, 문화 판촉은 광고나 판촉의 수단으로 문화를 활용하는 것으로 문화적 이미지를 제품 혹은 기업의 이미지와 연관시켜 광고홍보와 제품판매에 이용하는 것이다. 문화 판촉의 대표적인 사례로는 영화나 드라마에 자사의 제품을 노출시키는 PPL(Product Placement) 전략이 있다. 영화 매트릭스 2편 및 3편에 등장하는 삼성전자 휴대폰 애니콜은 대표적인 PPL 사례로 국내 제품이 세계적인 블록버스터에 중심적인 역할을 하며 등장하여 화제가 되었다. 애니콜은 영화에서 단순히 제품 하나가 등장하는 것이 아니라 시나리오 개발 단계부터 공동 작업을 통하여 제품을 개발하였고, 이 제품이 실제 시장에 출시해 이윤을 창출하는 것을 공동의 목표로 정하는 등 PPL의 효과를 극대화하기 위한 적극적인 전략을 펼쳤다(전용선, 2003). 그 결과 가상현실과 현실 세계를 이어주는 교신수단이자 생존수단으로 영화에서 등장한 독특한 디자인의 '매트릭스폰'을 통해 삼성전자는 휴대폰의 인지도를 전 세계적으로 높이게 되었다.

둘째, 문화 연출이란 제품이나 서비스에 문화적 이미지를 체화하여 타 제품과 차별화하는 것을 의미한다. 문화 연출의 대표적인 사례로는 스타벅스를 들 수 있다. 스타벅스는 인간의 감성을 자극하는 문화마케팅으로 일반적인 커피라는 상품을 커피문화로 승화시켰다. 스타벅스는 새로운 제3의 도심 여유 공간과 테이크아웃 문화를 유행시키고 고급커피 문화의 대중화를 선도했다. 또한 대중 매체를 이용하여 광고 없이도 '커피를 통한 체험'이라는 테마에 대한 일관성 있는 매장의 분위기와 브랜드 관리를 통해 고객과의 관계를 만들어 갔다. 스타벅스는 단순한 커피 비즈니스의 도입이 아니라 커피라는 기호음료를 하나의 문화상품으로 격상시켰으며, 테이크아웃이라는 문화코드를 제시함으로써 새로운 문화에 대한 소비자의 변화 욕구를 충족시켜 주었다. 이를 소비의 동기로 유도했다는 점에서 커피전문점 문화를 혁신했다. 이것은 1999년 1호점을 시작으로 5년 만인 2004년에 100호점을 개점하게 한 원동력으로 문화 연출을 통한 상품의 마케팅 효과가 기존의 마케팅에 효율적임을 시사한다.

셋째, 문화 지원이란 기업을 홍보하거나 이미지 개선의 방법으로 문화활동을 지원하는 것을 의미한다. 기업의 문화 예술에 대한 지원은 메세나 또는 스폰서십의 개념을 통해 이해된다. 메세나의 어원은 고대 로마제국의 정치가이자 외교관이며 당대 문예 보호 운동에 공헌한 가이우스 슬리니우스 마에케나스(Caius Cinius Maecenas) 이름에서 유래한 프랑스어다. 메세나는 원래 문화, 예술, 문화, 과학에 대한 두터운 보호와 지원을 의미했지만 현대에 와서는 그 의미가 넓어져 스포츠, 인도적 입장에서의 공익사업 지원의 영역까지 포괄한다(한국문화예술진흥원, 1993). 최근에는 기업 이미지 제고와 브랜드 이미지뿐만 아니라 기업 이윤의 사회 환원이라는 기존의 개념에 문화예술의 이미지를 이용하여 브랜드와 기업, 국가 이미지를 제고하는 전략적인 마케팅 활동으로까지 의미가 발전하였다. 메세나는 기업이 문화예술을 지원하는 동기를 어떻게 이해하는가에 따라 크게 두 가지 개념으로 나눌 수 있다(양현미 외, 2002). 첫째, 박애주의적(philanthropy) 관점의 메세나론이다. 이것은 기업의 박애정신과 사회적 책임의식에 호소하는 '기업시민론'이라 할 수 있다. 이 개념은 기업의 박애정신과 이해관계자(stakeholder)들에 대한 사회적 책임을 강조하며, 주로 순수한 자선 또는 기부형태에 의존하고 있다. 문화재단, 후원회, 협회를 통하여 공연예술, 문학, 문화교육, 미술, 영상·뉴미디어 등에 대한 문화예술지원사업의 성격으로 삼성문화재단의 호암아트홀이나 로댕갤러리, 현대자동차의 현대아트 홀, LG연암문화재단의 LG아트센터, 금호그룹의 금호아트홀 등이 여기에 속하는 사례들이다. 둘째, 문화투자라고 불리는 마케팅 관점의 메세나론이다. 1980년대 후반에 기업 메세나는 전반적인 경기 침체 속에서 공익성보다는 자사의 실익에 보다 직접적으로 연관된 방식으로 변모하였다. 이전의 자선적 동기가 약화되고 기업의 이윤창출에 직접적인 도움이 되도록 문화예술을 마케팅 전략에 활용하는 방식이 기업 메세나의 지배적인 방식이 된 것이다. 마케팅 관점의 메세나는 기업 문화마케팅이라 불러도 무방하며 기업이 주도적인 역할을 하는 박애주의적 관점의 메세나와 달리 기업과 문화에

술계가 상호협력 파트너 관계를 유지하면서 기업은 이미지 제고와 브랜드 가치를 높이는 기회로 삼는다.

넷째, 문화 기업은 새롭고 독특한 문화를 상징하는 기업으로 포지셔닝 하는 것이다. 문화 기업의 대표적인 성공 사례로는 소니(Sony)가 있다. 소니는 1946년 창업 이후 일관되게 문화, 오락을 매개로 한 비즈니스를 전개하였다. 소니의 첫 상품은 카세트 레코더였으며 이후 TV나 비디오 홈 세트 등 엔터테인먼트 기기를 계속 출시하였다. 그 후 줄곧 소니는 그들이 연출하는 스타일을 강조함으로써 세련되고 날카로운 이미지들로 소비자들을 매혹시키는 데 성공했다. 당시 소니라는 브랜드명 자체는 세련된 스타일, 소비적인 사이버 문화, 디지털 등을 대변하며 소비자들의 뇌리에 깊게 각인되었다. 소니가 이처럼 소비자들에게 자신만의 이미지를 확고하게 자리매김할 수 있었던 것은 기업의 지향점과 브랜드 정체성을 정확히 파악하고 있었다는 점과 소니 기업 내부의 문화 존중 풍토, 그리고 이와 연계된 장기적인 문화 마케팅의 성공 때문이다. 소니는 해외 진출 시 제품 판매에 앞서 도시오락센터인 소니센터를 조성하여 소니의 게임, 음악, 영화를 간접적으로 홍보하였다. 소니 코리아의 경우, 한국의 PC방 문화에 대항하는 PS방(소니 제품인 Playstation)을 고안하여 게임 문화를 통해 '소니 = 문화 기업'이라는 이미지를 굳히고 있다. 이처럼, 소니의 제품과 밀접한 연관성이 있는 게임센터나 오페라 극장 등에 집중 투자하고 후원하는 등 집중력 있는 투자를 통해 독특한 기업으로서 문화적으로 성공적인 포지셔닝을 이루었다.

마지막으로, 문화 후광이란 국가의 문화적 매력을 기업들이 후광효과(Halo Effect)로 이용하는 것을 의미한다. 후광효과는 소비자들이 계속적으로 범하는 지각적 오류 현상으로 어떤 사물에 대한 전반적인 평가가 그 사물의 구체적 특성의 평가에 영향을 미치는 경향을 뜻한다. 어떤 기업에 대하여 좋은 이미지를 가지고 있으면 그 기업이 생산하는 다른 제품들에 대해서도 좋은 평가를 내리게 되고, 어떤 브랜드에 대해 좋은 인상을 가지고 있으면 그 브랜드의 구체적 속성에 대해서도 호의적인 반응을 보인다는 것이다. 프랑스 향수는 단순히 향기를 내뿜는 액체가 아니라 세련된 프랑스의 이미지를 담고 있다. 프랑스의 문명 비평가 기 소르망은 "국가가 쌓아올린 강하고 긍정적인 이미지는 후광 효과를 통해 자국 기업의 마케팅뿐만 아니라 기업의 매출과 이미지 형성에도 영향을 미친다. 국가 이미지가 기업의 경쟁력으로 이어지는 대표적인 국가는 프랑스로, 문화대국으로서의 이미지가 패션, 와인 등의 상품 판매수단으로 사용되고 있다"라고 주장했다. 우리나라의 경우도 K-Drama, K-POP 등 대중문화를 중심으로 아시아에서 불고 있는 한류열풍으로 문화상품 및 국가 이미지가 긍정적으로 향상되는 효과를 얻었다. 이를 통해 아시아 시장에서 한국 기업과 상품의 위상이 대폭 제고되었으며, 삼성전자와 LG전자 그리고 현대자동차와 같은 기업들의 제품들이 문화후광 효과를 누리고 있다.

현대카드의 문화마케팅 사례를 살펴보면, 2001년 10월 신용카드 업계에 후발주자로 진출했을 당시 현대카드의 시장 점유율은 1.8%에 불과했다. 그러나 진출 8년 만에 2010년을 기준으로 업계 2위 그룹으로 성장하는 놀라운 변화를 보였다. 전문가들은 현대카드가 이렇게 성장하기까지 가장 큰 영향을 준 요인을 '문화마케팅'이라고 밝혔다. 문화마케팅을 통해 창의적이고 혁신적인 시도를 함으로써 카드업계에서 '차별화된 기업'의 이미지를 구축했기 때문이다. 현대카드의 '슈퍼 시리즈'가 이를 가장 잘 보여주는 사례라고 할 수 있다. 세계 최정상 스포츠 스타와 아티스트를 초청하는 '슈퍼 매치'와 '슈퍼 콘서트'는 기존에 볼 수 없었던 초호화 볼거리를 제공함으로써 사람들의 이목을 끌었다. 또한 예술과 경영 분야의 오피니언 리더와 접할 수 있는 '슈퍼 토크'와 신진 아티스트와 새로운 예술 장르를 소개하는 '컬처 프로젝트'는 기존의 카드 회사들이 했던 마케팅과 차별성을 보이며 문화 마케팅의 놀라운 효과를 보여줬다. 현대카드만의 차별화 전략으로 첫째, USP전략을 활용하였다. 현대카드 광고는 소비자들에게 현대카드만이 할 수 있는 대형 콘서트, 전시, 스포츠 경기 등을 제안했다. 이는 다른 카드사에서는 얻지 못하는 문화적 혜택(심리적 편익)을 소비자들에게 제공한 것이었다. 세계 최고 수준의 공연에 초점을 맞추었기 때문에 현대카드가 초청한 아티스트들은 연일 화제를 불러일으켰다. 레이디 가가(2012), 스티비 원더(2010년), 비욘세(2007년), 빌리 조엘(2008년), 스팅(2011년), 휘트니 휴스턴(2010년), 폴 매카트니(2014) 등 현대카드가 아니면 국내에서 쉽게 볼 수 없는 스타들을 만나볼 수 있는 기회를 제공하였기 때문에 현대카드의 무대는 항상 소비자들에게 매력적인 제안으로 여겨졌다.

현대카드가 문화적 마케팅을 실시하기 전 경쟁사들이 해왔던 기존의 광고는 금융에 초점을 두고, 실용적인 가치를 강조하는 것이었다. 그러나 현대카드는 금융에서 벗어나 소비자들의 문화적인 욕구를 위한 독특한 소구 방식을 택했다. 이후 현대카드의 문화마케팅을 벤치마킹하는 카드사들이 생겼지만, 현대카드만큼의 대형문화마케팅을 실현하는 데 있어서는 역부족이었다. 과거 기업들은 쇼핑이나 주유, 금융 등에 특화된 카드를 내세운 광고를 선보였다. 신용카드는 그저 문화 공연을 보기 위한 결제 수단에 불과하다고 생각했기 때문이다. 하지만 현대카드는 독특하게도 카드를 문화와 바로 연관시키는 광고를 선보였다. 또한 그 과정 속에서 소비자의 직접적인 참여를 이끌어냈다는 점이 의의가 크다. 물론 현대카드의 슈퍼 콘서트 이전에도 여러 기업들이 문화공연들을 후원했던 사례가 있다.

문화 마케팅은 글로컬비즈니스마케팅에 적용될 때 특히 빛을 발한다. 글로컬라이제이션 효과를 장기적으로 누리기 위해서는 상품을 중심으로 하는 문화 판촉, 상품의 이미지를 강조하는 문화 연출의 범위를 넘어 기업과 국가의 긍정적인 이미지까지 전파하는 통합적 문화 마케팅 전략으로 나아가야 한다. 그 첫걸음으로 글로컬 문화에 대한 이해가 선행돼야 한다. 글로컬 문화는 문화에 대한 위계적 구분을 없애고 문화 다양성을 존중하는 것에서 출발한다. 글로컬 문화의 관점에서 보면 프랑스 카페에서 와인을 마시는 행위와 한국 선술집에서 막걸리를 마시는 행위 간에 우열을 가릴 수 없다. 이는 각 국가 문화 소비자들이 가진 취향의 문제일 뿐이며 소비자가 장소와 제품을 선택하는 데는 그만한 배경과 맥락이 있기 때문이다.

글로컬 전략을 이용하여 새로운 공유문화를 탄생시키고, 문화 콘텐츠로 전환시킨 대표적인 성공사례가 태양의 서커스(Cirque du Soleil)이다. 1984년 캐나다 퀘백주에서 70여 명의 단원으로 시작하여, 현재 약 1,000명의 예술 단원과 약 5,000명의 스태프로 구성되어 세계 최대 규모의 공연단체로 발전해 연간 1조 원 가까운 매출을 올리는 것으로 알려져 있다. 사양산업으로 여겨지던 서커스 공연에 새로운 기획과 흡입력 있는 스토리텔링을 입힌 덕분에 캐나다의 대표적인 브랜드로 자리매김했다.

[그림 1-2] 태양의 서커스(여행신문, 2017(좌), 서울경제, 2018(우))

이들이 공연계의 블루오션을 창조할 수 있었던 것은 서커스라는 핵심가치를 유지하면서도 음악, 무용, 영상을 이용하여 창의성을 덧붙인 데 있다. 1996년 발표한 퀴담(Quidam)은 정통 서커스를 계승하면서도 그 수준을 한 단계 높였다는 평가를 받는다. 무엇보다도 태양의 서커스가 명실상부 세계 최고의 공연으로 자리 잡을 수 있었던 것은 지역 문화를 세계적으로 히트 시키고 다시 개별 지역의 정서를 반영하는 로컬 → 글로벌 → 글로컬 전략을 충실히 구현했기 때문이다(DBR, 2014). 중국 서커스를 차용한 드랄리온 (Dralion), 고대 문화와 상징동물을 결합시킨 토템(Totem), 사막과 보물섬을 등장시켜 아라비아 신화를 연상하게 하는 미스테르(Mystere), 중국식 요요가 등장하는 디아볼로(Diabolos), 후프곡예인 에어리얼 후프(Aerial Hoops) 등의 에피소드를 보여주는 퀴담(Quidam), 오지의 소수 민족들을 총집결한

카(KA) 등은 지역 문화를 차용해 만들어낸 대표적인 작품들이다. 태양의 서커스가 계속해서 사랑받는 근본적인 이유는 해외 공연을 기획할 때 현지의 문화적 소재를 발굴해 공연 구성에 포함하거나 현지 아티스트를 직접 출연시킨다. 한국 공연에서는 미스테르와 퀴담 등에서 우리의 전통 놀이인 널뛰기를 차용한 코너를 선보이기도 했다.

우리나라에서는 비비고(Bibigo)를 로컬 → 글로벌 → 글로컬 전략을 실행하는 사례로 꼽을 수 있다. CJ그룹의 한식 브랜드 비비고는 비빔밥을 원류로 하되 각국 입맛에 맞는 메뉴를 개발하는 철저한 현지화 전략을 실행하였다. 한국의 식문화 콘텐츠를 선보이면서도 중국에서는 두부를, 영국에서는 칵테일을, 일본에서는 샐러드를 이용해 현지인이 좋아할 만한 메뉴를 지속적으로 개발하고 있다. 특히, CJ제일제당의 비비고 만두는 2020년 처음으로 국내외 매출 합산 1조 원을 돌파했다. 미국과 아시아, 유럽 등지에서의 판매 호조로 해외 매출비중은 전체의 65%를 차지하며, K-만두의 위상을 높였다. 비비고 만두는 5년 전인 2015년 국내 1,780억 원, 해외 1,240억 원 등 3,000억 원을 돌파한 이후, 2020년 처음으로 1조 원 매출을 넘어서면서 5년 만에 3배 이상 급성장했다. CJ제일제당은 기획 단계부터 국내뿐만 아니라 해외 시장의 글로컬 마케팅 전략도 수립하여 진행하였다. 해외는 국가별 식문화와 소비 트렌드를 바탕으로 시장 진입 전략을 계획하고, 현지 소비자들에게 비비고 만두가 한국식 만두로 인식될 수 있도록 많은 노력을 기울였다. 전략국가인 미국은 진출 초기부터 코스트코(Costco)에 진입하며 주류시장 공략을 위해 노력하였다.

2015년에는 별도의 만두 R&D 조직을 신설했고, 2018년부터는 한국 스타일의 만두를 시장에 본격 소개했다. 중국과 일본의 경우, 미래시장에 초점을 맞춰 밀레니얼 세대를 대상으로 공격적인 마케팅을 진행하였다. 두 시장은 이미 독점적 지위를 가진 브랜드가 있기 때문에, 잠재 핵심 소비층인 젊은 소비자에 초점을 맞춘 것이다. 그 결과 2020년 중국 대형 온라인몰 '징둥닷컴'과 이베이재팬이 운영하는 큐텐(Qoo10)에서 각각 만두 카테고리와 식품부문 1위를 기록했다. 유럽에서는 아시아 식문화 수용도가 높은 영국과 프랑스, 독일을 중심으로 유통채널을 확대했다. 비비고 만두는 유럽 전역의 대형 유통채널 800여 점과 코스트코 전 매장(34곳)에 진출했으며, 2018년부터 2020년까지 3년간 영국과 프랑스, 독일 3개국에서의 매출은 연평균 61%를 기록했다.

[그림 1-3] 비비고 만두 주요국 매출액과 해외 생산기지(신아일보, 2020, 좌), 미국 홈쇼핑에서 판매 중인 비비고 만두(조선비즈, 2020.10.21, 우)

비비고 만두는 미국 대표 홈쇼핑 채널인 HSN에도 진출하였다. 비비고 만두는 만두피가 두꺼운 중국식 만두와 달리 만두피가 얇고 채소가 많은 만두소를 강조해 건강식이라는 점을 적극 홍보했다. 한입 크기의 작은 사이즈로 편의성을 극대화했고, 닭고기를 선호하는 현지 식문화를 반영해 치킨 만두 레시피를 개발했다. 특유의 향 때문에 한국인에게는 선호가 엇갈리는 실란트로(고수)도 재료로 활용했다. 이와 함께 대중문화, 스포츠 등과 연계한 마케팅 활동으로 브랜드 이미지 제고에 힘을 실었다.

미국프로농구(NBA) LA레이커스와 5년간 1억 달러(약 1,185억 원) 수준의 글로벌 마케팅 파트너십을 맺음으로써 NBA 최고의 스타로 꼽히는 르브론 제임스 등 레이커스 선수들은 '비비고' 로고가 들어간 유니폼을 입고 경기를 뛰게 되었다. CJ제일제당은 PGA 투어 정규대회 더CJ컵의 메인 스폰서로 4년간 참여하고 있다. 경기장 내 브랜드 노출과 가상 광고 등으로 브랜드

마케팅을 강화하고, 매년 열리는 KCON과 MAMA(Mnet Asian Music Award) 등 K-POP 행사를 통해서도 비비고 브랜드를 알리고 있다(조선비즈, 2020).

[그림 1-4] 비비고 런던 식당 전경(채널 CJ, 2013)

우리나라의 붕어빵과 호떡을 영국에서 판매하고 미국에서 개발된 메뉴를 아시아에 선보이는 방식으로 식문화 교류에도 일조하고 있다. 비비고 런던은 매장 내에 Bar를 설치하여 보다 캐주얼한 분위기와 서비스를 제공하며, 소주 칵테일과 같은 한국 주류를 이용한 음료도 서빙하는 등 보다 개성있고, 현지화된 서비스와 시설을 제공하고 있다. 소주 칵테일 메뉴 중에는 한국의 소맥(소주와 맥주의 혼합주)이 SOHO Somek이라는 이름으로 판매되고 있다. 프랑스인 소믈리에가 영국 고객들에게 한식과 어울리는 와인 선택을 돕는 등 Bar에 어울리는 다양한 음료와 서비스를 제공하고 있다. 디저트로는 아이스크림과 호떡이 만난 호떡 알라모드와 붕어빵 모양을 한 Bibigo Goldfish 등 국내에서 유행하는 길거리 음식을 유머러스하게 재해석하여 멋진 디저트로 만들어냈다.

[그림 1-5] 붕어빵 디저트와 호떡 알라모드(채널 CJ, 2013)

일본에서는 파워블로거로 활동 중인 방송인 유키 마오미를 비빔밥 마이스터 1호로 임명하고 다양한 재료를 제공해 신메뉴를 개발하게 하여 우리나라의 비빔밥이 세계 시장에 진출한 후 각 문화권에 맞게 자유롭게 변형하고 재생산되게 해서 지속성을 잃지 않게 한 사례라고 볼 수 있다.

제**5**절 글로컬비즈니스마케팅의 적용 단계

글로컬 마케팅의 성공적인 사례들은 공통적으로 로컬 → 글로벌 → 글로컬의 단계를 밟는다. 글로컬비즈니스마케팅의 적용단계를 살펴보면 첫째, 지역적 특색과 정체성을 담은 콘텐츠를 제작하여 해당 지역에서 인지도를 확보한다. 둘째, 글로벌 시장에 진출하여 참신함과 독특함으로 소비자의 시선을 모은다. 셋째, 타 지역 시장에 진출할 때 현지 정서와 요구를 반영해 콘텐츠를 글로컬라이제이션화 한다. 로컬에서의 성공과 글로컬 콘텐츠로서의 재성공에는 유사한 방식이 적용된다. 지역의 특색을 나타내는 소재를 발굴해 적용하고 효과적인 스토리텔링과 문화 마케팅을 결합하되 지역의 요구를 반영하는 것이다. 이 과정은 5단계의 모델로 세분화할 수 있다.

1단계로 지역의 문화 다양성을 반영하는 소재를 발굴한다. 지역의 문화적 정체성은 기본적으로 오랜 시간을 통해 자발적 또는 상황적으로 구축된 매우 복합적이고 심리적인 구성물이다. 지역의 문화적 정체성은 다양한 형태를 통해 그 모습을 드러내는 게 일반적이다. 전설, 역사, 집단기억, 문학 등 무형의 이야기 장르에서도 찾을 수 있고 유적, 문화재, 건축물, 경관 등 유형의 가시적 요소에서도 그 흔적을 찾을 수 있다. 상반되는 다수 정체성을 하나로 융화시킬 수 있도록 문화다양성의 측면을 고려해 발굴 작업을 진행하는 것이 무엇보다 중요하다.

2단계로 해당 지역을 대표하는 이미지와 상징을 추출해 지역색을 담은 요소를 확인한다. 지역의 문화적 정체성을 담고 있는 여러 요소들 중에서 콘텐츠 제작 또는 개선에 활용할 수 있는 부분을 골라내는 작업이 필요하다. 예를 들어, 우리나라의 전통 문양의 경우 삼족오, 태극, 사신도 등 심벌이나 마크로 직접 활용 가능한 전국 공통의 비주얼 요소를 발굴하거나 임진왜란의 격란지라는 이미지를 이용하기 위해 거북선, 투구, 장검 등의 연상 요소를 활용하여 특정 지역을 홍보하는 전략이다. 대표적 사례로 통영의 거북선 호텔과 이순신장군배 국제요트대회 등이 있다.

[그림 1-6] 통영거북선호텔(designhouseM+, 2012, 좌)과 이순신장군배 국제요트대회(한국생활체육뉴스, 2021, 우)

3단계로 브랜드의 특징을 부각시킬 수 있는 스토리텔링을 부여한다. 인간은 타인의 경험을 담은 이야기에 귀를 기울인다. 스토리 감상이라는 대리적 체험을 통해 지혜를 쌓고 위험에 대비하기 위함이다. 콘텐츠의 콘셉트, 특징, 장점을 나열식으로 직접 보여주는 것보다는 스토리를 구성해 소비자가 나름의 상상력을 추가할 수 있도록 심리적 여지를 주는 것이 공감을 얻어내는 데 효과적이다. 영화에서의 사례를 살펴보면, 어벤져스 시리즈는 마블이 제작한 슈퍼히어로 영화의 주인공들이 모두 나와 새로운 캐릭터를 만들고 다양한 이야기를 창출한다는 점에서 색다른 시도였다. 각 히어로를 하나의 브랜드라고 보면 브랜드를 모으고 엮어서 더욱 그럴듯하고 매혹적인 대형 브랜드를 만들어낸 셈이다. 마블은 시간대에 따라 페이즈를 구분하는 한편, 각 페이즈에 포함된 영화들을 모아 하나의 거대한 세계관으로 확장했다. 개별 주인공의 이야기들을 하나의 내러티브 세계로 구성하는 새로운 문화적 컨버전스의 결과물로 탄생한 이 트랜스미디어 스토리 월드가 마블 시네마틱 유니버스라고 불리게 된 것이다.

트랜스미디어 스토리텔링이란 개념은 헨리 젠킨스 MIT 교수가 그의 저서인 "컨버전스 컬처"를 통해 '미디어 간의 물리적인 결합에 더해 콘텐츠 역시 미디어 사이를 이동한다'는 특성을 지목한 뒤로 점차 확산되었다. 이때 콘텐츠는 단순히 미디어 간을 이동하는 것이 아니라 해당 콘텐츠의 성격에 맞게 다른 스토리를 개발한다는 데 주목할 필요가 있다. 즉 전체 이야기를 관통하는 세계관은 공유하되 개별 콘텐츠가 지니고 있는 핵심 내용은 동일하게 반복되지 않고 오히려 새로운 개성을 부여받는다는 것이다. 어벤져스의 세계관에선 미국 뉴욕에 살고 있는 아이언맨이 중심에 자리 잡고 있다. 이후 헐크가 등장해 또 하나의 슈퍼히어로 콘텐츠가 추가되면서 이야기의 배경이 확장된다. 천둥의 신 토르는 그가 활동하는 아스가르드라는 우주의 공간까지 끌어들여 공간의 범위도 넓힌다. 또한 제2차 세계대전 당시 미국의 비밀 프로젝트에 자원해 초인적인 능력을 지니게 되었다가 57년 후 대서양에서 발견된 캡틴 아메리카가 출연하며 시간적 배경은 과거까지 포괄하게 되었다. 그리고 이들이 모두 어벤져스의 스토리월드에 합류함으로써 빌런(악당)인 로키와 치타우리 종족으로부터 지구를 지키려는 다양한 우주가 존재하고 있다는 점도 알려진다.

어벤져스 시리즈는 각각의 슈퍼히어로뿐 아니라 쉴드라고 불리는 조직에서 활동하는 닉 퓨리, 블랙 위도우 등의 조연급 캐릭터도 등장시키면서 이들 또한 독자적인 세계관과 스토리가 있음을 암시한다. 이들이 나오는 이야기의 개연성과 인과적인 부분은 에이전트 오브 쉴드라는 드라마를 통해 추후 보충된다. 전체 세계관을 공유하면서 새로운 수준의 개별 콘텐츠를 탄생시키는 트랜스미디어 스토리텔링은 이런 과정을 거쳐 완성되었다.

DC코믹스도 비슷한 시도를 해왔다. 2013년 슈퍼맨 시리즈인 맨 오브 스틸을 개봉하는 등 개별 슈퍼히어로를 다룬 영화와 다양한 슈퍼히어로가 함께 등장하는 영화를 만들며 마블을 벤치마킹했다. 그러나 이들의 개별 슈퍼히어로 영화는 크리스토퍼 놀란 감독의 배트맨 시리즈를 넘어서지 못했고, 배트맨 vs 슈퍼맨: 저스티스의 시작, 수어사이드 스쿼드 등의 영화들도 마블과 달리 흥행에서 높은 성적을 거두지는 못했다.

DC코믹스의 실패는 브랜드의 관점에서도 지적할 수 있다. 이들의 스토리 속에서도 시공간 배경이 확장되거나 다양한 캐릭터가 출연한다. 그러나, 트랜스미디어 스토리텔링이 지니고 있는 기본적인 개념인 전체 세계관은 공유하되 개별적인 핵심 내용은 동일하게 반복되지 않고 새로운 수준의 특성을 부여해야 한다는 원칙이 제대로 지켜지지 못했다. DC는 과거에 이름 높았던 개별 캐릭터에 그대로 의존했기 때문에 스토리의 배경과 구성이 그리 넓혀지지 않았던 것이다. 과거의 명성에만 의존하고 새로운 면모를 보여주지 못해 시장에서 잊히고 마는 브랜드의 모습과 크게 다르지 않았다.

트랜스미디어 스토리텔링에서 가장 중요한 전략은 바로 독자나 관객의 경험을 기반으로 연결되는 것이다. 관객들은 마블의 세계관에 따라 시공간을 오가며 연결되는 스토리를 통해 다양한 경험을 하게 되고, 이후 드라마를 통해 세부적인 개연성을 재차 확인한다. 또한, 온라인 웹사이트를 통해 팬들끼리 상호교류를 하면서 궁금한 이야기들을 공유하고, 퍼즐을 풀어가 듯 캐릭터의 성격과 이후 일어나는 사건에 대한 단서들을 얻는다. 여기에서 가상과 실제의 경계를 넘어 관객이 참여하고 경험하는 기회가 생긴다.

마블은 2008년 개봉한 영화 아이언맨 이래 10년이 넘는 기간 동안 발표한 총 24편의 영화로 하나의 거대한 영화적 세계관을 정립했다. 비록 어벤져스: 엔드게임에서 해당 세계관을 이끌던 중심축인 아이언맨이 사망했지만, 스파이더맨이 그 뒤를 이어받는 것으로 그려지는 스파이더맨: 파 프롬 홈을 시작으로 새로운 세계관을 또 한 번 준비하고 있다. 게다가 오랫동안 공방을 거듭해온 저작권 문제를 해결하기 위해 마블의 모회사인 디즈니가 20세기폭스를 인수하면서 별도의 세계관으로 그려지고 있던 엑스맨 시리즈도 마블 시네마틱 유니버스에 합류할 수 있는 길이 열렸다. 필자를 포함해 마블의 팬들이 느꼈던 흥분과 감동, 그리움은 또 다른 세계관과 스토리를 통해 보다 더 다양하게 보상받을 수 있게 되었다(주간경향, 2020).

4단계로 각 미디어를 통해 마케팅을 전개하되 제품, 서비스, 기업이미지, 문화후원 등 문화 마케팅 요소를 동원한다. 지역 정체성과 특색을 담은 요소들을 통해 제품을 구축하고 스토리텔링을 활용해 브랜드 이미지를 구축할 때는 문화 마케팅 5단계에 기반하여 어디에 초점을 맞추는 것이 적합한지 전략적으로 판단을 내려야 한다. 지역 정서, 소비자 층위, 사회문화적 상황에 따라 문화 마케팅의 실행을 다변화하는 것이 바람직하다.

5단계로 소비자 요구를 수용하고 반영하는 피드백을 통해 시장점유율을 높인다. 콘텐츠와 상품은 한 번의 시도만으로 단번에 큰 성공을 거두기 어렵다. 지속적인 수정을 통해 품질을 높이되 소비자 요구를 정확히 파악하여 적절하게 대응하는 피드백 체계를 반드시 갖춰야만 급변하는 시장 상황에 유연하게 대처할 수 있다. 이러한 5단계 과정을 통해 로컬의 성공을 이끌어낸 콘텐츠는 다른 지역에서도 거부감 없이 받아들여질 수 있다. 로컬뿐만 아니라 글로컬 콘텐츠를 기획 및 제작할 때도 동일한 과정과 절차가 진행된다.

[그림 1-7] 글로컬비즈니스마케팅의 전개 방식(DBR, 2014)

이제는 로컬을 글로벌로 전환시키고 다시 로컬을 결합해 글로컬을 완성하는 단계까지 이르렀다. 그러나, 지역의 문화를 활용해 해외시장에 유통시키고 다시 현지 문화와 결합하는 진정한 글로컬 마케팅을 실행하는 국내기업은 많지 않은 실정이다. 문화 판촉, 문화 연출, 문화 지원 등 제품 또는기업과 관련된 문화 마케팅의 단계까지는 이르렀지만, 기업 이미지와 국가브랜드를 긍정적으로 구축하는 데 노력한 사례는 아직 많지 않다.

존재하는 모든 것은 특정한 장소에 속해 있다. 문화도 장소 종속성을 띠기 때문에 모든 문화는 지역문화라고 할 수 있다. 미국 문화는 글로벌 문화, 한국 문화는 지역 문화라고 구분할 수 없다. 특정 장소에는 다른 문화및 특수한 문화 코드가 존재하며 이는 문화공동체 구성원의 무의식을 지배한다. 문화 코드, 문화 유전자는 한 문화의 지역성 및 특수성과 함수 관계에 놓여 있다. 헐리우드, 볼리우드, 재패니메이션 등의 용어에는 문화적 로컬성이 직간접적으로 반영되어 있다. 세계 시장을 장악한 글로벌 콘텐츠도개별화를 통해 지역성의 특화에 성공하지 않았더라면 보편화에 의한 세계성을 획득하지 못했을 것이다.

볼리우드(Bollywood)는 인도 영화의 중심도시인 뭄바이의 옛 이름인 봄베이(Bombay)와 미국의 헐리우드(Hollywood)를 합성한 용어이다. 2000년대 초반부터 볼리우드 영화를 즐기는 해외 관객들의 수가 급속하게 증가하고 있다. 그 결과 자연스럽게 인도의 미디어 산업 전체를 통틀어서 가장큰 영향력을 지닌 매체로서의 위상을 지니게 되었으며, 문화적 트렌드를 형성하고 이끌어가는 중요한 사회적 역할을 수행하기에 이르렀다. 재패니메이션은 일본 애니메이션으로 일본(Japan)과 애니메이션(Animation)의 합성어이다. 일본 애니메이션은 전 세계적으로 많은 인기를 구가하였고, TV 시리즈로도 압도적인 점유율을 보였다. 재패니메이션이란 용어는 지금부터 약 25년 전, 미국에서 처음 사용한 용어이다. 지금은 미국에서 거의 사용하지 않는 용어이지만, 당시에는 일본 애니메이션을 지칭하는 용어로 사용되었다. 25년 전 미국에서 처음으로 일본 애니메이션이 소개된 것은 공중파 방송을 통해서였다. 방송국은 일본 애니메이션을 어린이용 TV 프로그램으로 방영시키기 위해 전체적인 스토리를 권선징악으로 스토리를 재구성 및 재편집하였다. 즉, 재패니메이션이란 용어는 미국의 어린이용 TV 프로그램으로 재편집된, 일본 애니메이션을 일컫는 의미로 시작되었다. 예를 들어, 1974년 일본에서 방영되었던 오리지널 우주전함 야마토는 미국 TV 프로그램의 재패니메이션으로 방영되기 위해 전혀 다른 내용의 애니메이션으로 각색되어서 스타 블레이저스(Star Brazers)라는 타이틀로 방영되었다(중앙일보, 2002).

　해당 국가에서 자리매김을 하기 위해서는 지역특수성 및 문화 특성 등을 철저하게 분석하는 것이 우선이 되어야 한다. 문화 융성 또는 문화 콘텐츠 개발 구축에 앞서 이러한 지역성과 특수성을 살려낼 수 있어야만 문화의 탄생지인 로컬 세계를 넘어 강력한 파급력을 지니고 글로벌 세계로 향하는 길이 열리게 된다.

세계화와 지역화

세계화(globalization)라는 용어가 세계인들의 주목을 받게 된 것은 1980년대 중반 하버드 대학의 마이클 포터(Michael E. Porter) 경영학 교수가 미국산업 경쟁력에 대한 美 대통령자문위원회 보고서에서 세계화와 경쟁적 우위라는 개념이 소개되면서 부터이다. 국제통화기금(IMF)은 세계화를 단순히 재화와 서비스 및 금융자본, 기술이 무제한으로 국경을 넘어 거래되는 양(量)과 양상(樣相)의 증대라고 정의하였다. 현재 세계화는 좀 더 포괄적인 뜻으로 사용되는 경우가 많다. 세계화는 국가 간의 교통·통신 수단 및 정보통신 기술의 비약적인 발달이 뒷받침되어 국가 및 지역 간에 존재하던 상품·서비스·자본·노동·정보 등에 대한 인위적 장벽이 제거되어 사회·경제적 생활 공동체의 범위가 국가를 초월하여 확대되면서 전 세계가 하나로 통합되고, 상호의존성이 증대되는 현상을 의미한다고 할 수 있다.

지역화(regionalization)는 그 정의가 명확하지는 않지만 경제활동이 일부 지역(국가)을 중심으로 확대되는 것을 의미한다. 세계화는 세계 전체를 자유무역이라는 단일 무역 질서로 통합하려는 경향인 반면, 지역화는 특정한 지역 내에서 국가 간의 무역 장벽을 없애고 자유 무역을 추진한다. 즉 지역화는 세계화의 한 부분집합으로 볼 수 있는 것이다. 지역화 추세가 강화되면 회원국 국민들이 경제의 상호 의존성을 높이는 역할을 할 수 있으며, 바로 다자간 협상으로 해결하기 어려운 문제들을 일부 국가 간에 우선적으로 해결을 시도하는 측면이 있으므로 지역화와 세계화는 조화를 이룰 수 있다.

[토론] 글로컬비즈니스마케팅 기획

1) 우리 학과를 글로컬라이제이션 하기 위한 슬로건 기획

2) 우리 학교를 글로컬라이제이션 하기 위한 슬로건 기획

Glocal Business
Marketing

글로컬비즈니스
마케팅의 사례 분석

CHAPTER

2 글로컬비즈니스 마케팅의 사례 분석

제**1**절 중국의 글로컬비즈니스마케팅 사례

2017년 10월에, 글로벌 패스트푸드 체인지 외식기업인 맥도널드는 초기 중국에서 麥當勞(마이당로)라는 명칭에서 金拱門(금공문)으로 변경한다. 이는 중국 언론에 이슈가 되었고 웨이보 검색어 1위를 기록하기도 했다. 麥當勞는 McDonald's의 음으로 나름대로 의미를 가지고 있는 한자를 따서 번역된 명칭이고 약간 서양 분위기가 나는 브랜드명이라면 지금의 공식명칭인 金拱門은 금색 아치문이라는 뜻이고 비교적 중국 스타일이라고 볼 수 있다. 빠른 속도로 성장하고 있는 중국은 엄청난 소비시장이기 때문에 글로벌 기업들에게 매력적인 시장이다. 지리적으로 가깝고, 같은 유교사상의 근간을 둔 중국과 한국은 1993년에 수교 이후 교류가 활발하게 이루어지고 있다.

2015년 12월 20일에 한중 FTA는 정식 발효되었고, 다른 국가의 기업들은 적극적으로 중국시장에 진출하고 있으며, 한국기업 역시 내수시장의 한계를 넘어서 제1교역국인 중국의 진출을 적극적으로 추진하고 있다. 글로벌 기업은 해외 비즈니스를 이루기 위해 많은 홍보와 제품 마케팅 전략을 구사한다. 그러나 무엇보다는 선행되어야 하는 전략은 로컬지역의 문화에 맞는 전략적인 브랜드명부터 기획이 이루어져야 한다(하진, 유동환, 2017).

맥도널드는 1948년에 미국에서 처음으로 설립되어 전 세계로 진출하며 글로벌 체인지 외식기업으로 성장한 패스트푸드 전문점이다. 중국에는 1990년에 들어왔으며 2017년 명칭을 '금공문(金拱門)'으로 변경하였다. 한국에서 맥도널드란 브랜드 명칭은 기업명인 McDonald's의 발음을 한국어의 외래어표기법에 따라 쓰게 된 것이다. 맥도널드의 명칭은 본래 설립자 마크 맥도널드(Mac McDonald)와 딕 맥도널드(Dick McDonald) 형제의 가족성을 사용한 것이다.

글로컬비즈니스마케팅 전략을 세우기 전 반드시 분석해야 하는 첫 단계는 해당 기업 및 브랜드의 히스토리이다. 기업의 탄생 히스토리, 성장 스토리 등을 기반으로 마케팅 전략을 구축해야 하기 때문이다. 맥도널드의 탄생 및 성장 히스토리를 분석해보자.

맥도널드는 미국 동부 출신의 마크 맥도널드와 딕 맥도널드 형제로부터 시작됐다. 두 형제는 고등학교를 졸업한 뒤 극장 사업으로 성공하겠다는 계획을 세우고, 1933년 서부 캘리포니아주로 이주했다. 처음 4년 동안은 극장을 운영했지만 매출이 좋지 않았다. 그들은 극장 앞에 핫도그 노점 장사가 잘 된다는 것을 파악하고 1937년 에어드롬(The Airdrome)이라는 핫도그 판매점을 시작했다. 에어드롬으로 요식업의 가능성을 확인한 맥도널드 형제는 1940년 샌버너디노(San Bernardino)로 가게를 확장 이전했다. 이름을 맥도널드 바비큐(McDonald's Barbeque)로 변경하고, 주메뉴는 핫도그, 햄버거, 프렌치 프라이, 쉐이크 등을 판매했다.

미국 경제의 불황이 계속되면서 맥도널드 바비큐도 고전을 면치 못했다. 맥도널드 형제는 1948년 운영 방식을 전면적으로 재정비했다. 이름도 맥도널드로 줄이면서 재기의 발판을 다졌다. 종이와 플라스틱으로 만든 일회용

나이프, 포크, 컵 등을 사용했고, 효율적인 주방 시스템을 도입했다. 그 결과 서비스는 빨라졌고 생산성은 향상되었다. 그 결과 단가가 낮아져서 가격 경쟁력까지 확보할 수 있었다. 1952년부터 프랜차이즈 제도를 시행하기 위해 매장을 미국 전역으로 확장했지만 매출은 기대만큼 늘지 않았다. 이 상황을 반전시킨 인물은 1954년 밀크쉐이크 기계 영업사원으로 맥도널드를 처음 방문한 레이 크록(Ray Kroc)이었다. 그는 맥도널드 매장을 보고서 전국 프랜차이즈로 성장시킬 수 있다는 확신이 들었다. 레이 크록은 맥도널드 형제를 설득해서 경영권을 얻고, 1955년 일리노이주에 첫 번째 정식 맥도널드 프랜차이즈 매장을 오픈시키며 본격적인 패스트푸드 시대를 열었다 이것이 바로 맥도널드의 프랜차이즈 첫 시발점이다(한국경제, 2019).

중국의 경우 개명하기 이전 한국의 번역명칭과 같은 맥락으로 중국어의 발음습관에 따라 한자어로 번역하여 사용하였다. 진입 초기에는 맥미당(麥當勞)을 사용하였지만, 현재는 중국 특유의 문화적 분위기를 살린 금공문(金拱門)으로 사용되고 있다.

한자 맥(麥)은 발음이 평음 mài로 되어있고, 갑골문에서 변형한 글자이다. 신화사전(新華字典)에 따르면, 맥(麥)은 밀, 보리 등의 총칭이다. 맥(麥)의 씨알은 식량이나 사료로 사용되고, 술을 담글 때 주원료로도 사용된다. 사자성어 오곡풍등(五谷丰登)은 여기에 그 근원을 두고 파생되었다. 오곡이 풍성하고, 매년 농사일이 잘 풀리고 좋은 수확을 이룬다는 의미이다. 중국인한테 맥(麥)이라는 한 글자가 가질 수 있는 파급력이 얼마나 대단한지 판단할 수 있다. 중국시장에서 쓰였던 맥미당(麥當勞)은 단순히 설립자의 이름보다는 중국문화에 맞게 더 많은 의미를 담고 있는 것이다. 이처럼 브랜드의 한자명을 번역할 때 발음부터 글자가 가지는 의미까지 고려해야 한다(하진, 유동환, 2017).

맥미당(麥當勞)은 McDonald's의 명의 음으로 다소 서양 분위기가 나는 브랜드명이라고 한다면, 지금의 공식명칭인 금공문(金拱門)은 금색 아치문이라는 뜻으로 비교적 중국 스타일이라고 볼 수 있다. 금공문(金拱門)은 영어

명칭과 비슷한 발음으로 특별한 의미를 가지는 한자로 번역한 것보다는 맥도날드의 로고에서 발상과 전환을 통해 따온 명칭이다. 맥도날드 로고는 황금색으로 되어있는 브랜드의 영어명칭 첫 알파벳 M을 따서 입체적으로 그려져 있기 때문이다. 금공문(金拱門)을 분석하면 공문(拱門)은 아치형 대문이라는 의미이고, 중국에서 일반적으로 쓰이는 고유명사이다. 금(金)은 황금색이라는 뜻으로 해석할 수 있고, 맥도날드 로고 컬러와도 의미가 같다. 맥도날드 로고의 컬러는 정확히 말하자면 노란색이다. 중국 한자가 향유한 문화적 분위기를 살려서 노란색이라는 표현인 황(黃)보다는 황금색을 뜻하는 금(金)으로 사용한 것이다. 중국에서 고대시대의 황금색은 황제만 사용할 수 있는 색이고, 하층 민중은 함부로 황금색을 사용하지 못하였다. 황금은 중국에서 부의 상징이다. 역사적인 측면에서나 문화적인 측면에서 노란색을 표현하는 황(黃)보다는 금(金)을 선택한 것으로 볼 수 있다(하진, 유동환, 2017).

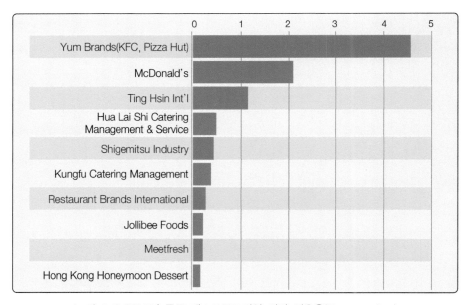

[그림 2-1] 2015년 중국 패스트푸드기업 시장 점유율(Euromonitor)

　중국 맥도널드가 개명한 이유는 2017년 8월에 맥도널드 중국총사의 주식 개혁 때문이었다. 거대한 중국자본을 맥도널드 중국 총사에 투입하고, 중국시장에 들어간 외국계 패스트푸드기업 중 절대 강자인 KFC와 상대해서 진행하는 글로컬화 마케팅전략의 단계인 로컬화 전략이었다. [그림 2-1]은 2015년도에 중국시장에서 운영하였던 패스트푸드기업들의 시장 점유율 비교 도표이다. 맥도널드는 2위이지만, 1위인 KFC에 비해 시장 점유율이 절반에도 못 미치고 있다.

　글로벌 기업은 해외시장 진출을 위한 비즈니스 계획을 추진할 때 상대하는 목표시장의 문화배경에 대해 충분히 고려해야 한다. 비즈니스는 결국에 소비자를 상대하는 것이기 때문에 소비자들은 어떤 교육환경 속에서 성장하고 있는지, 어떤 사상이 갖고 있는지부터 충분한 시장조사를 하고 목표시장에 향해 로컬화적인 기업명을 정하는 것이 중요하다. 브랜드의 이미지는 광고 홍보를 통해서 차근차근 만들어낼 수 있지만 수없이 고민한 끝에 만드는 브랜드명은 기업의 이념을 담기 때문이다. 좋은 브랜드명에 담긴 의미는 소비자에게 제품에 대한 이해를 높일 수 있다. 명칭은 어떤 상징적인 의미를 내포하거나, 명칭 자체가 기억하기를 쉽고 편하거나 등등 기업의 경쟁률에 영향을 미친다.

제**2**절 중국문화의 특징

1. 중국기업의 브랜드명에 관한 특징 분석

중국에서는 브랜드명의 글자 수를 보면 유난히 짝수가 많다. 그 이유는 중국에서는 짝수가 쌍을 이룬다는 의미가 있다. 好事成双(호사성상)이라는 말에서 알 수 있듯이 좋은 일은 쌍/짝으로 온다고 믿기 때문에 중국인들은 홀수를 싫어하고 짝수를 절대적으로 선호한다.

한자는 발음이 비슷한 글자가 매우 많다. 긴 세월 동안 언어를 사용하는 과정 속에서 원래 인위적인 의미가 없는 숫자는 점점 발음과 비슷하고 길상이라는 의미가 담긴 다른 한자를 닮아간다(保爾江, 歐拉孜, 2014). 인간은 외부정보를 취득할 때 83%가 눈을 통해서 확보한다. 소비자에게 외부세계를 인지하고 쉽게 기억하며, 전파하는 과정 속에서 커뮤니케이션 될 수 있도록 기업의 브랜드명은 한눈에 담아기고 기억될 수 있도록 독특하면서도 깔끔하게 지어야 한다.

현대 중국어는 균형을 중요시 여긴다. 현대 중국어에서 어휘는 발전하는 방향에 있어 쌍음절(두 글자 용어)로 가는 추세이다. 고대 중국어의 많은 단음절(한 글자 용어)보다 쌍음절을 대체로 쓰고, 많은 다음절(여러 개 글자 용어)도 쌍음절로 줄여서 쓰고 있다. 이러한 문화적 측면이든 중국어 자체의 발전 방향이든 브랜드명의 기획에 영향을 미치고 있다. 지금 중국에 있는 기업들의 브랜드명은 절반 이상은 두 글자나 네 글자로 구성되어 있다(하진, 유동환, 2017). 예를 들어, 전자회사인 Hewlett Packard의 중국등록명은 惠普(huì pǔ)이다. 소프트웨어 회사인 Microsoft의 중국 등록명은 微軟(wēi ruǎn)이다.

중국인들은 숫자에 민감하다. 그들이 가장 좋아하는 숫자는 8이다. 8자는 우선 한자(八)로 표시하든, 아리비아 숫자(8)로 표시하든, 그 모양부터가 조화와 균형을 중시하는 중국인의 기호에 맞다. 그리고, 숫자 8은 중국어로 '빠(fa)'라고 발음하는데 '부자가 된다'는 뜻의 '파차이(發財·돈을 벌다)'와 발음이 비슷하다. 중국 자동차 번호로 88888이란 번호는 경매시장에서 166만 위안, 약 2억 76만 원에 팔리기도 했다. 이는 중국에서 팔리는 중형차 10배에 달하는 가격이다. 2004년 쓰촨 항공주식회사가 경매로 구입한 사무실 전화번호는 8888-8888인데 이 역시 261만 위안, 약 3억 1565만원에 팔렸다. 중국인들은 개업 기념일이나 결혼식 등 중요한 날을 택일할 때도 8자가 들어간 날을 선호한다. 음식값부터 물건값과 호텔 숙박비까지 88위안, 888위안, 1888위안처럼 8자로 끝나는 경우도 많이 볼 수 있다.

베이징올림픽도 2008년 8월 8일 8시 8분 8초에 개막했다. 마케팅 측면에서 살펴보면, 침체된 기계식 시계가 1990년대부터 부활할 수 있었던 것은 중국인의 역할이 컸다. 메이드 인 차이나의 저가 전자시계가 스위스 시계산업을 위협하긴 했지만 중국의 신흥부자들이 스위스산 고가 기계식 시계를 구입하면서 시계산업의 부흥을 이끌었다. 중국인들은 명품시계를 구입할 때도 8이 들어가거나 8 모양의 시계를 선택하는 경향이 있다. 프랑스 브랜드 디올은 2011년 디올 윗(디올 8)이라는 시계를 새롭게 선보였다. 디올의 창립자인 디자이너 크리스찬 디올은 이 시계를 론칭하면서 '디올의 8은 디올을 세운 날인 10월 8일로, 디올의 시계 주얼리 매장이 있는 파리 방돔 광장 8번지, 파리의 디올 매장이 있는 8구를 의미한다'라고 했지만 대부분의 관계자는 디올이 중국 시장을 겨냥해 윗(8)이라는 이름의 시계를 기획했을 것이라고 예측한다. 실제로 디올 윗의 다이얼에는 로마자 8(Ⅷ)만 표시되어 있다. 오메가, 롤렉스, 파텍필립, 피아제는 중국인이 좋아하는 시계 브랜드이다. 피아제는 홍콩 여배우 장만옥을 브랜드 모델로 내세우고 숫자 8을 다이아몬드로 부각하는 등 중국인을 겨냥한 마케팅에 적극적으로 나서고 있다. 2011년 1월 제네바에서 열린 시계박람회(SIHH)에서는 용의

해인 2012년을 겨냥한 신상품을 선보였다. 중국인들이 신성시하는 용과 피닉스를 시계의 다이얼에 정교하게 그려 넣은 이 시계는 소개되자마자 중국인들에게 빠르게 판매되었고, 오데마피게는 8개 한정판 시계 줄스 오데마 드래곤 투르비옹을 출시했다.

[그림 2-2] 8자에만 로마자를 써넣은 디올 윗(좌), 중국인들이 좋아하는 용을 그려 넣은 피아제 드래곤(우)(주간조선, 2011)

기업들은 중국인을 대상으로 다양한 8자 마케팅 전략을 펼치고 있다. 상품 모델에 8자를 넣거나 스포츠 의류에 8자를 새기거나 각종 행사도 8이 들어가는 일자와 시간으로 정하는 기업이 증가하고 있다. 아디다스는 베이징 올림픽을 겨냥해서 8월부터 전 세계에 금·은·동 세 가지 색깔의 마이크로 바운스 플러스 운동화를 선보였고, 제작 물량은 8888켤레였다. 2007년 8월 상하이 라오시먼(老西門)에 중국 이마트 8호점을 오픈한 신세계는 각종 상품의 가격을 8자로 끝나도록 하였다. 오픈 당시 888一路發(재물을 계속해서 번다는 뜻)라는 대형 현수막을 매장 입구에 걸었다. 비용을 더 지불해서라도 8자가 들어가는 물건을 구입하려는 중국인의 소비심리를 이용하는 마케팅 전략을 활용한 것이다.

[그림 2-3] 아디다스 운동화(좌), 중국 이마트 8호점(우)(중앙일보, 2008)

중국인들이 8과 함께 좋아하는 숫자는 9이다. 九의 발음 jiu는 길다, 장수한다 등의 뜻을 가진 오랠 久(구) 자와 발음이 같기 때문이다. 고대 중국에서 9는 황제 이외에는 사용할 수 없었던 숫자였다. 그만큼 중국에서 숫자 9는 생명과 신성함, 완벽성 등을 상징해서 길한 숫자로 받아들여지고 있다. 이처럼 숫자에 민감한 중국인의 심리는 중국 비즈니스에 널리 활용되고 있다. 예를 들어, 중국의 최대 제약회사 싼지우(三九; 삼구)는 그 이름 자체에 숫자 9를 세 번 써서, 건강이나 불로장생의 이미지를 표현하고 있다. 이 회사의 주력 제품인 싼지우 웨이타이(三九胃泰)라는 위장약은 점유율이 중국 의약시장의 반 이상을 차지할 정도이다. 중국에서 'MOTEL 168'이라는 숙박업소를 자주 볼 수 있는데, 이는 168(이리우빠)의 발음이 일생의 여정에 계속 돈을 번다는 이미지를 연상시키기 때문이다. 서비스업계에서는 좋은 날짜를 둘러싼 마케팅이 치열하다. 518(우야오빠)은 나는 돈 벌기를 원한다는 뜻이다. 5월 18일이면 연회나 결혼식 같은 경사스러운 행사들이 계속돼서 예약하려면 오래 전부터 줄을 서야 할 정도이다.

마케팅은 소비자의 기억 속에 얼마나 쉽고 명료하게 자리 잡느냐가 매우 중요하다. 그런 의미에서 숫자 마케팅은 매우 효과적이다. 이렇게 중국인의 문화적 특성이나 언어적 특성을 숙지해서 숫자에 민감한 중국인들이 공감할 수 있는 숫자 마케팅을 활용한 것도 글로컬비즈니스마케팅의 대표적 사례라도 볼 수 있다.

2. 브랜드명에 활용된 지역이름

중국에 있는 기업들은 지역의 이름 또는 지역명과 연계된 브랜드명을 짓는 경향이 있다. 예를 들어, 한국 대표적인 자동차 기업인 현대는 브랜드명 현대가 원래 한자어여서 중국지사가 바로 그 한자어 現代로 번역해서 브랜드명으로 쓰고 있다. 중국지사의 총사는 북경 지역에서 상표등록이 되어 있어 브랜드명은 北京現代(북경현대)로 통용하고 있다. 중국에서 현대를 말하는 것보다는 北京現代를 말해야 자동차를 쉽게 머릿속에 떠올리는 것이다. 독일 자동차 기업인 폭스바겐의 브랜드명은 독일어로 되어 있어 중국에서는 대중에게 마차를 제공한다는 의미로서 大衆으로 번역되어 있다. 상해 지역에서 상표등록이 되어 있어 이로서 완성된 브랜드명은 上海大衆이다. 중국 본토기업은 지역이름을 브랜드명으로 사용하는 것이 보편화 되어 있다. 예를 들어, 중국의 맥주 브랜드인 청도 맥주는 바로 생산지-청도를 브랜드명으로 활용해 브랜드 가치를 높이는 대표적인 사례로 볼 수 있다. 청도 맥주는 과거 독일 식민지배의 영향으로 맥주 제조기술을 전수받아 노산의 청정 광천수를 이용하여 칭타오 맥주로 탄생하였다. 중국은 관광 활성화를 위해 1991년 8월부터 청도 맥주축제를 개최하여 현재까지 중국을 대표하는 페스티벌로 자리매김하고있다.

중국의 문화는 전형적인 집단주의 문화이다. 중국인은 이런 집단주의적인 사상의 영향을 받아서 개인이 주변집단과의 균형관계를 유지하는 것을 중요시 여긴다. 주변집단은 타인이 될 수도 있고, 자연이 될 수도 있다. 서양국가에서는 브랜드명을 만들 때 인물이름을 많이 활용하고 있다. 예를 들어 맥도널드는 창사자의 가족성으로 쓰이는 것이고, 아디다스(Adidas)는 창시자 Adi Dassler의 이름에서 따서 브랜드명으로 만든 것이다. 개인의 성격과 가치를 강조하는 서양국가보다, 중국은 집단주의 문화의식 속에서 지역이름을 브랜드명으로 활용하는 것에 인류와 자연, 개인과 타인 등 모든 관계가 조화롭게 이룬다는 이념을 드러내는 것이다.

3. 긍정적 의미의 한자 활용

각각의 한자가 모두 의미가 있다는 것은 좋은 의미를 표현하는 글자가 있는 반면 나쁜 의미를 표현하는 글자도 있다. 한자의 발음이 똑같아도 글자가 다를 수 있기 때문에 그 의미가 완전히 달라질 수 있다. 한국기업이 중국시장에 진출하려고 할 때, 브랜드명에서 어떤 한자를 택해서 쓸지에 대해서 고민할 수밖에 없다. 브랜드의 명칭은 기업의 상징이자 생명이다. 적극적이고 긍정적이고 정의적인 함의일수록 브랜드 가치를 높일 수 있을 것이다. 좋은 명칭을 기획하자면 한자가 가지는 의미부터 살펴보고 나쁜 의미를 유출할 수 있는 글자를 피하는 게 좋다. 특히, 중국문화 중에서 '길상'이라는 우의를 가지고 있는 한자가 좋은 선택이다.

한국기업은 기존의 명칭에 발음이 유사한 한자로 번역하여 활용할 때 글자의 국한 때문에 감정적인 면에서 무의미인 글자를 택하는 것도 방법이다. 중국인이 좋아하는 동물, 식물의 이름을 명칭으로 활용할 수도 있다. 한화그룹은 1952년에 모기업인 화약류 제조업체 한국화약(주)로 시작하여 1993년에 지금의 명칭으로 변경하였다. 한화의 '화'는 화약의 '화(化/huà)'이다. 원래 한자어대로 번역해서 명칭으로 쓰면 한화는 韓化(나라 한, 될 화/hán huà)여야 하는데, 화자는 華/huá/로 번역할 수도 있어 중국에서 브랜드명은 韓華(나라 한, 빛날 화/hán huá)로 번역돼 있다. 중국의 국가명은 중화인민공화국(中華人民共和國)이고, 중국인은 또 화인(華人)을 칭한다. 華(빛날 화) 자는 중국인이 제일 좋아하는 한자 중의 하나로 꼽을 수 있을 것이다. 한글 '화'는 化(될 화)로 번역할 수도 있고 華(빛날 화)로 번역할 수도 있어 한화그룹은 모기업을 고려하면 화약의 '化(될 화)'로 번역해서 명칭으로 쓰이는 게 맞지만 중국인의 정서에 맞게끔 '華(빛날 화)'로 번역한 것은 성공적인 사례로 볼 수 있다(하진, 유동환, 2017).

4. 브랜드명에 대한 사례 분석

Coca-Cola의 브랜드명에 대한 분석을 해보면, Coca-Cola는 1886년 애틀란타에서 약제사로 활동했던 펨버튼에 의해 처음 등장하여 오늘날까지 130년의 발전역사를 가지고 있다. Coca-Cola는 전 세계에서 탄산음료 1위 브랜드로서 48% 정도의 시장 점유율을 차지하고 있다. 2008년도에 중국시장은 Coca-Cola의 제3의 소비시장으로 올라선 이후 중국의 탄산음료 시장에서 Coca-Cola는 33%의 점유율을 차지하고 있다. 조사결과에 따르면 중국소비자의 81% 정도가 Coca-Cola를 알고 있다는 것이 밝혀져서 인지도가 매우 높음을 알 수 있다. 브랜드의 인지도는 다양한 마케팅수단을 통해 사람들에게 브랜드명을 알린 결과물이라고 볼 수 있다.

Coca-Cola는 원래 음료 추출된 성분인 Coca식물의 잎과 Cola식물의 열매 두 가지 원재료 명칭을 합쳐서 Coca-Cola라는 브랜드명을 탄생시킨 것이다. Coca-Cola는 단순명료한 영어명칭보다는 한자어문화에 맞게 중국어 명칭으로 재해석되었다. 1927년에 처음 중국 시장으로 진입한 Coca-Cola는 전후에 두 번의 개명을 거쳤다. Coca-Cola는 충분히 중국문화 정서에 맞는지를 고려하지 않고 처음에 영어발음 코카콜라와 유사한 한자어 蝌蚪啃蠟(kē dǒu kěn là)로 번역해서 사용했다. 蝌蚪啃蠟는 중국의 사자성어 味同嚼蠟(wèi tóng jiáo là)을 연상시킨다. 味同嚼蠟은 음식이 맛이 없다, 문장이 무미건조하다는 의미이다. 결국 첫 이름의 실패로 인해 기업 이미지와 매출에 큰 타격을 입었다. 이를 토대로 Coca-Cola는 당시에 350파운드의 큰 상금을 걸고 중국어 명칭에 관한 공모전을 실행했다. 그 결과 입에 잘 맞고 즐겁다는 뜻인 可口可樂(kě kǒu kě lè/)이 번역명으로 1등에 당첨됐다. 그 이후 Coca-Cola는 새로운 브랜드명으로 이미지 회복과 더불어 매출의 증대로 오늘날의 Coca-Cola를 만들었다. 可口可樂(가구가락/커커우커러)은 네 글자로 구성돼 있어 중국의 짝수문화와 일치한다. 可口可樂은 可口와 可樂 두 개의 어휘로 구성돼 있다. 可口(가구)는 한자어의 기본 어휘로 음식물의 맛에 대해 평가할 때 쓰는 낱말이다. 음식이 맛있어서 사람들의 입맛에 잘 맞는 의미로 해석할 수 있다. 맛있게 마시면 너의 입안이 즐겁다는 의미를 지닌 可口可樂은 원음과 비슷한 발음을 나타내고 있을 뿐만 아니라 Coca-Cola 의 특징을 잘 반영하고 있다. 원래 단순한 원재료의 명칭을 합쳐서 활용된 브랜드명인 Coca-Cola는 중국어 명칭이 한 단계 더 의미를 가지게 된 표현 이다.

국내 프랜차이즈인 파리바게트는 2004년 9월 중국 상하이에 진출한 이래 2013년 현재 베이징, 텐진 등에 총 109개 점포를 출점하였다. 중국시장에 진출하고 승승장구하고 있는 파리바게트는 중국의 법규제도를 따라 탁월한 마케팅으로 현지 중국인의 입맛에 맞게 신제품을 개발하는 등 다양한 전략으로 성장할 수 있었다. 그러나, 이런 다양한 마케팅수단들보다 우선시된 선행전략은 한 번에 중국인들의 마음을 사로잡을 수 있는 브랜드명을 중요시했다. 브랜드명인 파리바게트는 두 개의 영문단어인 PARIS와 BAGUETTE 를 합친 단어이다. PARIS는 프랑스의 수도이고, BAGUETTE는 프랑스를 대표하는 빵 중에 하나이다. 즉, 파리를 가지 않아도 파리의 빵을 제대로 음미할 수 있다는 것이다. 파리바게트는 중국에서 '巴黎貝甛'으로 번역되어 있다. 글자 수도 네 글자로 돼 있다. 외래어 표기법에 따라 다섯글자로 구성돼 있는 한글명칭 '파리바게트'보다는 한 글자를 줄여서 브랜드명을 만들었다. 바로 중국인이 짝수를 좋아하는 마인드에 맞춘 것이다. 파리바게트의 중국어 명칭-巴黎貝甛은 충분히 프랑스의 빵 이미지를 이용해서 현대중국어의 언어습관에 따라 '파리'라는 도시도 달콤하고, 파리의 빵도 '달콤하다'는 브랜드 콘셉트를 표현한 것이다.

2001년 12월 중국은 WTO 가입한 후 전면적인 국토개방으로 인해 글로벌 기업들에게 매력적인 시장으로 여겨지면서 많은 기업들의 진출이 활발하게 이루어지고 있다. 같은 유교문화권에 속하는 한국기업 역시 적극적으로 중국시장에 진출하기 위한 전략을 세우고 있다. 중국인은 자국 문화에 대한 우월감이 가슴깊이 새겨져 있다. 이러한 중국을 상대하는 기업은 중국시장에 진출하기 위해서 다양한 마케팅전략을 실행하고 있다. 그러나, 무엇보다 중요한 것은 기업이 글로컬화 과정 속에서 중국의 정서에 맞는 브랜드명을 짓는 것이 우선시되어야 한다(하진, 유동환, 2017).

[토론] 1

1. 우리가 생각하는 성공적인 글로컬비즈니스마케팅을 위한 좋은 브랜드
   명은?

[토론] 2. 글로컬비즈니스마케팅의 사례 분석

1) 성공사례는?

2) 실패사례는?

CHAPTER

3 글로컬 문화 콘텐츠의 이해

2000년대 초반까지 대중문화와 콘텐츠 분야의 절대적인 최강국은 미국이었다. 그러나 디지털 시대가 도래되어 콘텐츠가 유통되는 플랫폼이 다양화되며 소비자들은 언제든 자신이 원하는 콘텐츠를 볼 수 있는 플랫폼을 얻게 되었고 이에 따라 콘텐츠에 대한 수요는 다양화되며 미국 중심의 콘텐츠 시장은 아시아로 조금씩 이동하기 시작했다(권상집, 2016). 문화콘텐츠 산업에서 통섭, 융합, 복합 등이 강조되며 각국의 문화와 문화가 결합되는 등 글로벌과 로컬, 로컬과 로컬이 어떤 방식이든 융합되어야 한다는 취지 아래 글로컬이라는 키워드가 각광을 받고 있다(김성수, 2014). 문화콘텐츠의 전제가 문화를 배경으로 하고 있기 때문에 해당 문화권의 문화를 자연스럽게 받아들이고 이를 응용해서 해당 지역의 대중과 소통해야 한다. 이는 일반적으로 우수한 품질, 다른 국가 대비 저렴한 비용으로 침투하는 공산품과 문화콘텐츠의 결정적 차이라고 할 수 있다(김성수, 2014). 이를 위해 문화 콘텐츠 분야에서는 2개 이상이 넘는 국가 및 단체가 상호 협력을 통해 공동 작업을 추진하는 경우가 많으며, 대표적 기업인 CJ E&M은 해외 다른 지역에 문화콘텐츠 사전 판매 및 교환형식 등의 공동 제작을 추진

하고 있다(권상집, 2016; 송정은, 남기범, 장원호, 2014).

현재의 문화콘텐츠 전략은 각국의 특성에 맞게 콘텐츠를 개발하고 공동 작업을 추진해야 해당 지역의 대중에게 어필할 수 있는 가능성이 높다. 미국도 글로컬 콘텐츠를 개발하고 있는데 가장 대표적인 예는 트랜스포머 이다. 트랜스포머는 일본의 장난감 회사 타카라의 변신로봇 문구인 미크로맨 과 다이아크론이 미국으로 수출되어 해당 명칭이 트랜스포머로 변경되면서 전 세계 히트를 기록했고 일본에서는 헐리우드 영화 중 당시 가장 높은 성과를 올리기도 했다. 일본의 로봇 완구 자체가 인간의 형태에서 다른 형태로 변형될 수 있다는 점을 미국 헐리우드사가 고려하여 적절하게 미국과 일본의 콘텐츠를 융합하여 성공시켰다는 점에서 트랜스포머 시리즈는 영화계에서도 대표적인 글로컬 콘텐츠 전략의 표본으로 인정받고 있다(유제상, 2013).

1. 글로컬 문화콘텐츠의 성공사례 및 실패사례

(1) 글로컬 문화콘텐츠의 성공사례

2003년 MBC에서 방송된 TV드라마 '대장금'은 국내 콘텐츠로 세계에 가장 널리 판매되고 가장 많은 사랑을 받은 대표적인 글로컬 문화콘텐츠이다. 조선왕조실록에 제시된 소재를 이용하여 한국적인 비주얼 이미지와 소재를 배경으로 한 여인의 성장과 성공 스토리에 러브스토리를 더하였다. 대장금은 대만의 GTV에서 방영되면서 대만 내 드라마 중 시청률 1위를 기록하며, 외교 관계 단절로 소원해진 한국과 대만의 거리감을 없애는 데 적지 않게 기여한 것으로 평가되었다.

중국에서도 대장금은 중국인의 생활 속에도 깊숙이 파고 들었다. 베이징이나 상하이 등 중국 주요 도시에 진출한 한국식당에서 대장금 특선요리를 판매하였으며 높은 판매량을 보였다. 많은 중국식당에서도 대장금 방영 이후 김치와 불고기 등 한국요리를 찾는 손님이 늘고 있다. 중국 젊은 여성의 경우 이영애의 얼굴형으로 성형수술을 하기 위해 한국을 방문하는 의료관광객의 수치도 높아졌다. 이처럼 대장금이 갖는 의미는 단순한 드라마 수출을 통한 수익창출 차원을 넘어 우리나라의 전통요리, 생활상 등 한국의 전통문화를 세계에 알리고 관광산업에까지 파급효과를 미치는 등 민간외교 차원에서 더 큰 역할을 하였다(한국경제, 2005).

CJ E&M의 경우, 문화콘텐츠 분야에서 미국 기업들이 독점적인 지위를 구축하고 있을 때인 1990년대 중반 국내 대기업들이 주력하던 제조업이 아닌 문화 사업을 시작하였다. 초기에는 각국의 특성을 분석하지 않고 한국 고유의 문화를 고집하거나 미국 헐리우드의 아류작품들을 수입하여 지속적인 적자를 기록했다(권상집, 2016). 초기 시행착오를 통한 글로벌 마케팅에 대한 학습을 바탕으로 중국, 베트남, 인도네시아 등 동남아에 지속적으로 진출하는 전략을 선택하였다. 미국 시장은 드림웍스 배급망을 통해 글로벌 작품 제작투자 진행하였으며, 중국을 중심으로 한 공동 제작의 이원화 전략을 본격적으로 추진한 결과 2010년부터 결실을 볼 수 있었다. 국내 영화 및 예능 프로그램, 게임 등이 중국에 수출되고 프로그램 포맷이 진출하면서 중국 시장 진출은 조금 더 수월해졌고 Channel M을 통해 방영된 오디션 프로그램 'WIN'은 중국에서 조회 수가 1회당 백만을 돌파하는 기록을 수립했다. 2013년 개봉한 한중합작 영화인 '이별계약'은 중국에서 한달 간 370억이 넘는 수익을 창출하기도 했다.

CJ E&M은 글로벌 마케팅을 위한 두 가지 전략을 제시하였다. 첫째, 범글로벌 콘텐츠 제작 및 기획이다. 2013년 국내와 유럽에서 흥행한 '설국열차'는 기획 초기부터 국내와 아시아를 넘어 미국 및 유럽까지 전략적 반경에 포함하여 진행되었고 상당 부분을 국내와 해외 자본을 토대로 진행하여 글로벌 차원의 기획으로 진행되었다. 대부분의 대사를 영어로 반영하였고 주연 배우도 크리스 에반스, 틸다 스윈튼 등의 헐리우드 배우로 섭외하였다.

CJ E&M이 초기부터 범글로벌 차원으로 기획한 설국열차는 결과적으로 국내 개봉 전 이미 167개국에 선판매되는 국내 영화 최고의 해외 실적을 거두었고, 제작비의 절반에 해당되는 200억 이상을 해외 수출로 벌어들였다. 특히, 프랑스에서 가장 높은 해외 흥행 실적을 기록하며, 국내에서 기획 및 제작한 범글로벌 콘텐츠가 실제로 미국 및 유럽에서도 흥행할 수 있다는 점을 확인할 수 있었다.

CJ의 두 번째 전략인 글로벌 전략은 각 지역의 정서에 맞는 콘텐츠의 현지 제작이다. '이별계약'은 기획 단계부터 공동 작업으로 참여하여 중국 박스오피스 1위를 차지하는 성과를 거두었다. tvN의 예능 프로그램 포맷을 진출시켜, 각종 오디션을 한중 공동으로 제작해서 큰 성과를 거두었다. 주부 오디션 프로그램인 '슈퍼 디바'가 중국에서 공동 제작 및 기획을 거쳐 '마마미아'라는 프로그램명으로 방송되어 중국 케이블 채널에서 가장 높은 시청률을 기록하였다. 문화콘텐츠는 각국의 고유한 가치관, 문화적 특성을 바탕으로 하기 때문에 기획 단계에서부터 이를 기반으로 하여 글로벌 시장 진입을 준비해야 한다.

세계 최대 OTT 플랫폼(Over The Top, 영상 스트리밍 서비스) 넷플릭스(Netflix) 1위를 달성한 한국의 드라마 '오징어게임'은 국내 문화콘텐츠와 글로벌 디지털 플랫폼이 유기적으로 결합된 대표적인 성공사례. 오징어게임이 전 세계적으로 성공할 수 있었던 가장 큰 이유는 외국 드라마에 대한 37개의 언어 자막 서비스 및 34개의 언어 더빙을 제공하는 전략이 있었기 때문이다(De Tijd, 2021).

오징어게임은 공개 15일 만에 83개국에서 넷플릭스 순위 1위에 올랐다. 4주 후에는 넷플릭스가 서비스되는 94개국 전체에서 1위를 석권했고, 한 달 이상 세계 1위 자리를 지켰다. 넷플릭스가 오징어게임으로 벌어들인 수익은 1조 605억원이 넘을 것으로 추정된다. 220억을 투자해서 1조를 넘게 벌어들인 것이다. 넷플릭스측은 오징어게임이 공개된 9월 중순 3분기 이후에만 신규 유료회원 수가 438만명을 넘어섰고, 순이익은 지난해 3분기 7억

9,000만 달러 대비 2배 가까이 증가하였음을 밝혔다(소비라이프, 2021).

오징어게임이 전 세계적으로 큰 인기를 끌면서 국내 식음료업계가 동반 성장을 이루었다. 드라마에 등장했던 달고나 세트와 삼양라면 등 국내 식품을 온라인으로 구매하며 직접 한국의 맛을 체험하려는 해외 소비자들이 늘고 있다. 한국의 식문화는 최근 10년간 K-POP, 영화, 드라마 등을 매개로 해외 젊은 층을 중심으로 퍼져왔다. 오징어게임의 성공 직후엔 달고나와 생라면 등 한국의 독특한 식문화에 대한 관심이 증가하였으며, 그 소비층의 폭도 더 넓어졌다. 라면 브랜드 오징어짬뽕을 활용해 오징어게임 관련 글로컬 마케팅을 진행한 농심은 지난해 해외에서 1조 원 넘게 벌어들였다(문화일보, 2021).

문화콘텐츠 산업은 다른 산업에 비해 표준이 정립되지 않고 해당 국가의 역사, 가치관 등 문화적 요소가 중요하기 때문에 사전에 철저히 분석하고 글로벌 시장에 진입해야 하는 것이 중요하다(권상집, 2016b; 백서인, 권상집, 2015).

(2) 글로컬 문화콘텐츠의 실패사례

뮤지컬 '댄싱섀도우'는 '산불'을 원작으로 하여 뮤지컬로 제작된 작품이다. 이 작품은 해외 뮤지컬 수입 의존에서 탈피하여, 한국적 소재와 원작을 기반으로 세계시장을 겨냥한 대형 글로벌 명품 뮤지컬을 제작하겠다는 의도에서 기획되었다. 한국의 '산불'을 글로벌 시장에서 통용될 수 있는 세계적인 수준의 '산불'로 만들기 위해 세계적인 유명 극작가 아리엘 도르프만에게 대본 작업을 의뢰하였고, 음악은 뮤지컬 '갬블러'의 음악을 작곡한 에릭 울프슨이 담당하도록 하였다. 연출은 '맘마미아'의 유럽 및 아시아 공연 연출을 담당한 영국의 폴 게링턴, 안무와 무대 디자인은 영국의 니키 셔우 등 극본, 음악, 연출, 편곡, 안무, 무대, 의상, 조명, 음향 등 총 아홉 개의 핵심적인 부분을 외국의 유명 스태프가 담당하였다. 아리엘 도르프만은 원작 '산불'의 주제의식은 남겨두고 작품의 시간적 한정성과 지역색을 탈색시킴으로써 어른을 위한 현대적 우화로 이야기를 각색하였다.

지극히 한국적인 원작의 지역성을 최대한 배제함으로써 세계시장 어디서나 공감을 얻기 위해 시공간적 구체성을 걷어낸 세계인의 이야기로 변모한 '산불'은 총 45억 원의 제작비를 투입하여 뮤지컬 '댄싱섀도우' 라는 타이틀로 2007년 7월 8일, 2,283석 규모의 예술의 전당 오페라 극장에서 개막되었다. 그러나 '댄싱섀도우'는 한국적 요소가 탈색되어 공감하기 힘든 이야기라는 비판 속에서 좌석점유율 25% 수준에 그치며 30억 원의 손실을 기록하였다.

'댄싱섀도우'의 실패 원인은 세계적 보편성을 얻기 위해 한국적인 정서를 없앤 것 때문인 것으로 나타났다. 세계적 보편성을 위해 한국적 지역성을 배제한 세계화 노력이 지역시장과 세계시장 어느 곳에서도 공감을 얻어내지 못하는 결과를 초래한 것이다.

미국 마피아 대부의 숨겨둔 아들이 한국 여성과의 사이에서 낳은 '영구'였다는 설정에서 출발한 '라스트갓파더'는 1950년대 뉴욕을 배경으로 다소 모자란 보스의 아들 영구와 그를 보스의 후계자로 훈련시키려는 갱 조직 단원들의 이야기를 그린 코미디 영화이다. 2010년 12월 개봉하여, 국내에서는 손익분기점 관객수 500만 명의 절반 수준의 성적을 보였으며, 미국시장에는 미국인에게 받아들이기 힘든 한국식 유머와 빈약한 스토리라는 혹평과 함께 미국 극장개봉 총수입 15만불이라는 초라한 성적으로 개봉 2주 만에 종영하였다.

이 영화는 슬랩스틱 코미디라는 글로벌 보편성을 확보하고, 해외 관객에게 익숙한 마피아 이야기와 할리우드 배우, 영어 대사라는 보편적인 요소에, 한국 관객에 익숙한 영구 캐릭터라는 차별성 요소를 가미하여 국내와 해외 시장에서의 시장성을 동시에 추구하였다. 그러나, 영구 캐릭터와 한국식 슬랩스틱 유머는 미국 관객의 관심과 호응을 이끌어낼 만한 차별성 요소가 아니었으며, 오히려 공감하기 어려운 생경한 캐릭터와 유머로 거부

당했다.

한국 문화콘텐츠의 세계화를 위해서는, 지역과 세계라는 두 가지 서로 다른 문화의 상호작용 속에서 새롭게 창조되는 글로컬라이제이션적 정체성이 전략적으로 모색되어야 한다는 시사점을 준다.

[토론] 글로컬 문화콘텐츠의 사례 분석

1) 성공사례는?

2) 실패사례는?

Glocal Business
Marketing

헤리티지 마케팅

CHAPTER

헤리티지 마케팅

1. 헤리티지 콘텐츠를 활용한 글로컬비즈니스마케팅의 이해

2011년 제주도의 세계7대 자연경관 선정은 문화콘텐츠 한국에서 헤리티지 콘텐츠 제주로 전이되는 계기가 되었다. 제주의 자연유산이 곧 한국의 자연유산의 대표성을 갖게 되었다. 또한 국가적인 차원에서 문화유산의 우수성을 전 세계에 알리는 계기가 되었다. 제주는 화장품산업 3대 성공요소(관광, 물, 청정)를 가지고 있으며, 경쟁력은 아시아의 최고라고 할 수 있을만큼 좋은 자연적인 조건을 가지고 있다. 제주의 헤리티지(heritage) 콘텐츠를 활용한 글로컬브랜드 연구를 통하여 제주의 화장품 브랜드가치의 중요성을 인식하게 되었다.

제주 세계자연 유산은 그 자체로도 큰 가치를 지니고 있고, 문화유산 콘텐츠로서 무궁무진하게 활용될 수 있는 가능성을 지니고 있다. 그 중에서도 거문오름 용암동굴계는 제주 세계자연유산등재에 가장 큰 영향력을 미쳤고, 이는 자연적, 과학적 가치뿐만 아니라 역사, 문화적으로도 중요한 가치를 지니고 있다.

글로컬라이제이션은 글로벌 기업의 마케팅 전략과 지역콘텐츠의 세계시장 공략이라는 두가지 개념이 있다. 헤리티지 콘텐츠를 활용한 글로컬라이제이션의 성공을 위해서는 두 개념을 명확히 구분하여 헤리티지 콘텐츠 접목과 글로컬 브랜딩의 연구를 통해서 새로운 문화 콘텐츠로의 재해석을 할 수 있다. 글로컬라이제이션은 처음에는 글로벌 기업이 목표 시장의 지역적 특성이나 현지 풍토를 제품이나 서비스에 적용시키는 마케팅 개념에서 출발했다. 초기의 글로컬라이제이션의 개념은 세계화를 이루기 위한 수단으로 사용되어져 왔다. 자국 시장만으로는 만족하지 못한 거대 자본이 해외로 눈을 돌리면서, 전 세계에서 거대한 판매고를 기록하는 글로벌 브랜드를 만들기 위해 수많은 기업들이 세계화 전략뿐만 아니라 지역적인 특색을 활용하여 세계시장을 공략하는 지역기업 또는 지역문화의 확산도 글로컬비즈니스마케팅으로 해석할 수 있다.

제주는 화장품산업 3대 성공요소를 가지고 있으며, 그에 부합하는 좋은 자연적인 조건을 가지고 있다. 아모레퍼시픽의 이니스프리 등 제주의 헤리티지 콘텐츠를 활용한 글로컬비즈니스마케팅 전략을 수립하여 아시아시장에서 세계시장으로 진출하면서, 잠재력이 충분히 확인되고 있다(김기옥, 2013). 헤리티지 콘텐츠를 개발해서 고유의 브랜드가치를 높이는 글로컬비즈니스마케팅에 집중해야 한다.

2. 헤리티지 마케팅의 특징

유네스코 세계유산 중 문화유산(cultural heritage)의 개념과 대상은 물리적인 것 그 자체로부터 그와 관련된 무형적 가치를 포괄하는 것으로 확대되고 있다. 이러한 유산의 개념과 대상의 변화는 유산보존의 방법론에도 반영되어 나타난다.

유산 혹은 상속의 의미를 담고 있는 헤리티지 마케팅은 최근 급증하고 있는 신흥 명품 브랜드들과 차별화를 두기 위해, 주로 기존 명품업체들이 기업이나 제품의 전통이나 오랜 역사를 마케팅에 활용한 것을 의미한다. 자연의 환경, 식물, 박물관 등을 통해 고객들에게는 색다른 경험을 제공하면서 기업의 브랜드이미지를 부각시키고자 하는 전략의 일환으로 활용된다.

　헤리티지 마케팅의 개념은 관점에 따라 다양한 접근이 가능하다. 하지만 현재까지 통용되고 있는 헤리티지 마케팅의 개념은 크게 마케팅을 위한 문화와 문화를 위한 마케팅의 두 가지 측면이다. 일반 기업의 문화지원 및 문화경영을 마케팅을 위한 문화로 본다면 문화산업의 마케팅활동을 문화를 위한 마케팅으로 해석할 수 있다. 서로 다른 목적을 지닌 두 가지 측면 모두 기업과 문화의 상호 호혜적인 관계를 통해 양자 모두에게 이익이 된다는 측면에서 중요한 의미를 가지고 있다.

　일반적으로 기업이 공연, 전시회, 음악회 등 각종 문화행사를 후원하거나 주최하는 문화예술지원 활동으로 구체화되지만, 문화마케팅을 보다 넓은 관점에서 보면 기업이 문화를 광고, 판촉 수단으로 활용하여 제품과 서비스에 문화이미지를 담아내는 마케팅 활동도 해당된다고 할 수 있다. 헤리티지는 브랜드 자산 구축의 측면에서도 유용한 자원으로 간주되는데, 다트머스 대학 경영대학원의 마케팅 교수인 켈러교수는 브랜드의 심상을 이루는 주요 요인들 중 하나로 브랜드 헤리티지를 들고 있다. 최근 들어 헤리티지 브랜딩이 자주 소개되고 있는 배경에는 정보 기술의 발달, 아웃소싱 등으로 인해 명품 브랜드의 차별성이 점차 퇴색하는 데 있다.

　자신만의 브랜드를 구축하고 강화하려는 명품 브랜드와 이와 반대로 헤리티지의 약점을 보완하기 위해 다양한 활동을 펼치는 신규 브랜드의 활발한 마케팅 활동 사이에서 헤리티지 브랜딩이 주목을 받게 된 것이다.

3. 글로컬 브랜딩의 정의

글로컬 문화에 대한 본격적인 첫 논의는 1900년대 초 게디스(P. Geddes)의 전 지구적으로 사고하고 로컬적으로 행동하라(Think Global Act Local)라는 global-local의 캐치프레이즈에서 시작되었다. 초기에는 도시개발과 조경사업에서 사용되었지만, 현재 환경운동, 경영 등에서까지 사용되고 있는 글로컬 문화는 지역개발이나 사업에 있어서 다양한 세계적 상황, 즉 세계와 지역을 동시에 감안하면서 비즈니스를 진행해야 한다는 의미로 사용되고 있다. 환경운동에서는 지역보호가 세계환경보호에 영향을 준다. 경영에서는 비지니즈 마인드를 단순히 지역환경에만 둘 것이 아니라 세계환경에 두어야 한다는 내용으로 각 상황에 맞게 유동적으로 적용되면서 사용되고 있다.

프랑스의 정치학자이자 비평가인 기 소르망(Guy Sorman)은 2006년 중앙일보 칼럼에서 한류를 글로컬로가는 한국문화 라고 표현했다. 이때부터, 우리나라 대중문화와 현대예술에 내재되어 있는 한국문화의 우수성이 널리 알려지게 된 계기가 되었고, 세계문화의 글로컬로서의 시발점이 되었다. 글로컬 개념은 우리 한국 사회에서는 문화 개념과 결합되어 서서히 확산되었다.

4. 제주의 헤리티지 마케팅

(1) 제주 헤리티지의 역사적 배경

제주도는 약 180만년 전부터 화산활동으로 만들어졌다. 한라산 정상부에는 한라산 조면암과 백록담 현무암이 분포하고 있다. 한라산 조면암은 높은 점성을 가지고 돔상으로 솟아서 한라산을 더 웅장하게 만들고 있다.

해뜨는 오름으로도 불리는 성산일출봉은 얕은 수심의 해저에서 수성화산분출에 의해서 형성된 전형적인 응회구이다. 높이 182m로 제주도 동쪽 해안에서 거대한 고성처럼 자리잡고 있는 이 응회구는 사발 모양의 분화구를 잘 간직하고 있다. 제주도의 문화유산은 학술, 문화, 산업 및 관광자원 측면에서 매우 중요한 가치를 지니고 있다.

(2) 제주 헤리티지의 지리적 환경

제주도는 하나의 섬을 형성하면서 관계적으로 동중국해상에 위치하게 되었다. 이러한 관계적 위치는 제주도가 한국, 중국, 일본이 서로 왕래하는 중계지, 남방해양문화가 유입되는 지역이다. 바다를 사이에 두고 육지와 고립되고있고, 대륙과 동떨어져 있기때문에 사회역사적으로 문화적 전파가 용이하지 못하였다.

(3) 제주 헤리티지의 자연환경

사면이 바다라는 자연환경은 해적이나 외세 침입이 잦아서 제주의 선인들은 외세에 침략으로부터 섬을 보호하기 위해서 도민들이 모두 동원되어 성을 쌓아야만 했다. 그 대표적인 흔적이 환해장성(環海長成)이다.

제주의 자연을 결정하는 큰 요인인 한라산은 제주도의 중앙에 솟아 있는 해발 1,950미터의 거대한 화산도이다. 그래서 제주의 지형을 지배하고 제주의 지질과 기후를 결정한다. 경사가 심한 지형이나 강이 없는 섬, 넓은 초원, 논이 드문 척박한 산성 토질 등은 지질학적 특성과, 바람의 방향과 비를 많이 내리게 하는 기후적 특성도 모두 한라산에서 비롯된다. 한라산은 제주사람에게 신앙적 대상이 되기도 했고, 제주사람의 인성형성에도 큰 영향을 주었다. 자연환경에서 제주도의 곳곳에 산재하고 있는 360여 개의 오름(기생화산)도 중요한 요소이다. 오름을 등지고 형성된 촌락에는 거센 바람을 막아주는 역할을 했고, 곳곳의 오름에 마련된 제터는 신앙의식의 터로서 신성시되어지기도 하였다.

제주인들이 자연적 조건을 어떻게 이용하여 삶의 방식을 찾았는가를 추적해볼 수 있는 것이다. 이들의 생활 자체가 문화이고 역사인 것은 인간이 끊임없이 가치 있는 삶을 살기위해서 노력해 왔기 때문이다. 모두 행복하고 가치 있게 살고 싶지만 그렇게 살아갈 수 없는 조건과 환경과의 문제가 계속 대립하기 때문에, 항상 긴장하여 그것들을 극복하며 살아왔다. 그 결과가 문화로 남게된 것이다.

(4) 제주 헤리티지 콘텐츠의 조형적 요소

조형 예술은 우리 세계를 감각적으로 파악하고, 고정적인 이미지를 만드는 예술이다. 조형 예술에는 조각, 회화, 그래픽, 판화, 공예 등이 있다. 조형 예술은 세부적으로 평면과 입체로 나눌 경우에 평면은 화면에 그리는 회화 즉, 서양화, 한국화, 판화, 그래픽 등의 장르를 포함한다. 입체는 3차원의 형태를 가진 조형적 요소, 즉 조각, 공예, 설치미술, 오브제 미술을 포함한다. 회화는 공간을 하나의 이차원적인 평면 위에서 모사하거나 표현한다. 점, 선, 면 색채 등으로 이루어진다. 서양화와 동양화는 재료상의 차이, 그림을 보는 관점, 미학적 차원에서 그 특징이 다르게 나타난다.

제주의 헤리티지 콘텐츠 조형적 요소는 형태적 요소와 색상적 요소로 나눌 수 있다. 형태적 요소와 색상적 요소이다. 형태적 요소로는 용두암과 해안 등에 나타난 형태적 이미지이다. 거친 자연의 아름다운 형상을 볼 수 있고, 한라산 성산포 등에 나타난 곡선적고 원형의 아름다움을 볼 수 있다. 색상적 요소 중에 한라산 주위의 식물과 꽃들로 이루어진 자연환경에서 나오는 천연의 아름다움이다. 제주도의 바다에서만 느낄 수 있는 청색의 다양한 색상과 검붉은 노을의 적색은 제주에서만 느낄 수 있는 대표적인 색상적 요소라고 할 수 있다.

(5) 제주 헤리티지 마케팅 사례

이니스프리 광고 속에서 지속적으로 노출되는 제주는 이니스프리 오랜 성공의 키워드이다. 2000년 자연주의를 표방하며 등장한 이니스프리는 업계 5~6위의 평범한 화장품 브랜드였다. 2008년부터 이니스프리는 헤리티지를 제주로 정하며 터닝포인트의 계기가 되었다. 청정섬 제주 이미지를 연계한 브랜드 마케팅 콘셉트는 자연주의를 내세운 이니스프리의 이미지와 잘 어우러져 매출 성장의 원동력이 되었다. 청정섬 제주 콘셉트는 중국인 소비자들에게도 인기가 높아 중국 시장 내에서도 큰 성과를 올리게 되어 2016년, 업계 1위를 차지하게 되었다.

이니스프리는 'innis(섬) + free(자유)'를 뜻하며 청정 자연의 깨끗하고 순수한 에너지를 담아 건강한 아름다움을 전하고자 친환경 그린 라이프를 실천하는 자연주의 브랜드다. 공기, 햇살, 토양, 물과 같은 청정 자연의 4대 에너지가 숨 쉬는 제주의 원료를 사용해 자연과 피부가 함께 쉴 수 있는 공간을 만들어간다는 콘셉트이다(COS'IN, 2016). 제주를 이니스프리가 가져감으로써 이니스프리가 처음에 의도했던 자연주의 이미지를 자연스럽게 가져갈 수 있었다. 이니스프리는 제주라는 이미지를 가져오기 위해 디자인 콘셉트나 경영 철학 등 자연주의를 콘셉트로 내세웠다. 이니스프리는 제품 속에 제주를 담았는데, 그 시작은 제주 화산송이 제품이었다. 제주 화산송이는 이니스프리의 첫 히트 제품이 되었고, 다양한 제주 제품 라인업을 보여주며 소비자들을 사로잡았다. 이러한 제주 제품들이 소비자들에게 '이니스프리=제주'라는 인식을 심어주는 데 도움이 되었다고 볼 수 있다. 이니스프리 매장 어느 곳을 가더라도 벽면 한 쪽은 제주를 담은 공간을 볼 수 있다. 서울 명동 플래그십 스토어에서는 제주에서 자라는 나무 수종을 가져다 벽면을 꾸몄다. 고객들이 제주 어느 곳에서 이러한 원료를 사용하고 있다는 것을 인식할 수 있도록 버려진 삼나무 목재로 제주 섬 입체 지도도 걸려있다. 매장은 구매의 공간이기도 하지만 경험의 공간이기도 하다. 이니스프리 매장을 제주 느낌으로 꾸밈으로써 소비자들은 매장 안에서 제주를 간접적으로 경험하게 되고, 이는 이니스프리의 이미지 형성으로 이어지게 된 것이다(제주의 소리, 2013).

이니스프리의 제주 그린 뷰티 연구소는 제주도 서광다원에 위치해 제주도의 자연환경, 식물, 문화 등을 가까이에서 연구한다. 육지와는 차별화된 환경에서 자란 자생 식물들을 연구하며 전통방식으로 전해져 내려온 제주 식물 활용법, 제주 사람들의 다양한 생활의 지혜 등 제주만의 특별한 민속지혜를 연구해 과학적으로 원료에 적용한다(COS'IN, 2016).

이니스프리는 자신들의 브랜드 헤리티지인 제주에 이니스프리 브랜드 체험관인 제주하우스를 지었다. 제주하우스는 제주 자연 속에서 오감을 만족시키는 다양한 체험과 제주 자연의 편안한 휴식을 즐길 수 있는 공간이다. 제주하우스에서는 자신들의 화장품을 판매할 뿐만 아니라 화장품의 원료를 직접 보고, 만질 수 있는 체험이 가능하다. 제주 식재료를 이용한 잼, 차, 꿀 등과 제주뒷다리소세지, 흑돼지삼겹살 샌드위치 등 재주 원료로 된 먹거리 메뉴를 개발했다. 이러한 먹거리 등을 통해 내가 바르는 이니스프리의 화장품이 먹을 수 있는 원료이기도 하다는 생각을 이끌어내 이니스프리의 신뢰감을 높여주고자 한 것이다. 이니스프리 제주하우스는 이제 유명한 관광코스가 되었다. 오설록 티뮤지엄은 아모레퍼시픽 그룹 계열사이자 차 분야에서 강한 시장경쟁력을 가진 차 브랜드 오설록이 운영하는 차 박물관으로 한해 150만 명이 넘는 관람객이 방문하는 제주 최고 명소이자 문화공간이다. 단지 차 전시에 그치는 게 아니라 자연친화적인 휴식공간과 차 클래스 등 체험 프로그램까지 운영하고 있어 다양한 연령층이 찾는다. 이니스프리 = 제주라는 연상작용뿐만 아니라 '제주' 하면 이니스프리라는 연상작용까지 만들어낸 것이다. 제주하우스를 통해서 이니스프리는 자신들의 브랜드 이미지를 강화시킬 수 있었으며, 헤리티지 마케팅을 활용한 글로컬비즈니스마케팅의 대표적인 성공사례로 볼 수 있다.

5. 전통시장의 헤리티지 마케팅

　서울 종로구 통인시장은 2015년 MBC 예능 프로그램인 '무한도전'에서 외국인 여행객 관광 추천 코스로 소개되면서 외국인뿐만 아니라 국내 젊은 층에게도 크게 이슈가 되며 관광지화가 된 대표적인 사례다. 전통시장은 물건을 사고파는 경제적 공간이지만 상인과 주민들 간의 소통이 이루어지며, '정'이라는 한국 고유의 정서를 느낄 수 있는 사회문화적 공간일 뿐만 아니라 오랜 시간 시장을 지켜온 상인들 개개인의 헤리티지(heritage)가 담긴 장소성을 지닌 곳이다(이나희, 배광진, 장용준, 2020).

　전통시장은 과거부터 물품의 교환과 일자리 창출 등의 경제적 측면과 정보의 교환 등의 문화적 측면에서 다양한 역할 및 기능을 수행했다. 전통시장은 독립운동 등 정치적 기능의 중요한 장소로도 인식되었고, 전통문화를 보존 및 전승하는 사회적으로도 중요한 기능을 수행하였다(Kim and Heo, 2012). 단순히 거래기능만 있는 장소가 아니라, 소통, 문화교류, 정보 제공, 사교, 오락 등 다양한 기능을 수행하는 장소이며, 최근에는 문화 및 관광의 중요한 장소로도 인식되고 있다(Jee and Lim, 2000). 관광객들이 시장에서 단순히 물건을 사는 것뿐만 아니라, 그 지역의 문화를 체험하고 즐길 수 있기 때문에 관광지로 주목을 받고 있다(Jee and Lim, 2000). 시장은 볼거리, 먹거리, 살거리 등의 관광요소를 고루 갖추었을 뿐만 아니라 지역의 생활상을 보여주는 장소로 지역주민의 생활과 관광이 한데 어우러져 있기 때문에 헤리티지 마케팅 전략을 펼칠 수 있는 최적의 장소라고 할 수 있다.

　통인시장은 일제강점기에 종로구 효자동 부근에 일본인들을 위해 만들어진 공설시장이 모태가 되었다(강홍빈, 2010). 통인동 공설시장(현재의 통인시장)은 1941년 6월에 설립 및 개장하였고(박은숙, 2007), 1960년대에서 1970년대 호황기를 누렸으나, 청와대 인접지역에 자리잡고 있기 때문에 타지역에 비해 발전이 더디었고 존폐위기를 맞기도 했다(장한별, 황두현, 지상현, 2021). 그러나, 2010년 서울시와 종로구의 주관으로 통인시장이 서울형 문화시장으로 선정되며, 도시락카페 아이디어가 탄생되었다. 처음에는 종이쿠폰으로 운영했다가 재사용을 위해 제작단가 개당 600원인 엽전을 사용하면서 통인시장이 더욱 유명해지기 시작하였다(김예림, 2017). 이러한 외부적인 지원과 시장 내부의 자구 노력으로 통인시장에 관광객들이 유입되기 시작하여 현재에 이르게 되었다.

통인시장이 관광형 전통시장이 되면서 헤리티지 마케팅의 성공사례가 되었지만 이를 지속가능하게 유지하기 위해서는 통인시장의 내부 경쟁력 강화 및 콘텐츠를 개발하고, 특화하기 위한 노력을 더 기울여야 할 것이다.

6. 와이너리 헤리티지 마케팅

프랑스 보르도 지역의 주요 와인산지인 메독, 그라브, 셍떼밀리옹, 뽀므롤, 소테른 지역의 약 260여 개의 샤또에서는 연간 7만여 명의 외부 관광객에게 와이너리 관광 및 투어를 위해 샤또를 개방하고 각기 차별화된 프로그램을 갖추고 있다. 이는 지역의 경쟁력을 관광상품화하여 부대적인 효과를 창출하는 헤리티지 마케팅의 전형적인 성공사례이다.

와인 학습 및 포도농장 방문 프로그램 등은 와인 초보자들에게도 좋은 기회를 제공하고 있다. 그라브 지역의 질병과 스트레스 치료를 위한 포도요법 프로그램은 온천욕, 포도 추출물을 이용한 마사지, 저칼로리 식이요법 등 차별화된 프로그램을 제공하여 지속적인 글로컬비즈니스마케팅 전략을 이어가고 있다. 부르고뉴 지역에서의 와인 투어는 경기침체에 따른 와인의 판매량 감소를 우려하여 와인 생산입자들이 이익증대를 도모하며 직접판매를 시도하게 된 것으로 방문객들에게 지속가능한 투어 및 체험 프로그램을 제공하기 위해 교육 프로그램 개발, 숙박시설 및 레스토랑 시설 확대 등을 진행하였다.

와인 투어 프로그램은 고성(chateaux)에서 숙박하면서 가이드가 안내하며 일정을 진행하는데 와인 지식 및 와인 특성에 중점을 둔 강의로 진행된다. 세프 및 전문 소믈리에가 포도를 재료로 하거나 와인과 잘 어울리는 음식을 배울 수 있는 쿠킹클래스, 포도주 시음, 테이블 세팅방법, 와인 선택방법 등을 지도하고 있다.

알자스 지방은 80개 이상의 박물관과 미술관이 있는 화이트 와인의 주산지로서 문화, 산업, 교육의 중심지로 마케팅 전략을 펼치며 지방특성화를 통해 지역활성화를 추구하고 있다. 꼬뜨뒤론(Cote du Rhone) 지역은 온화한 기후 속에서 역사적 전통의 아비뇽 지역에서의 관광투어에 중점을 둔 투어 프로그램을 구성하였다. 지역의 유명와인 소개와 론 지역의 로마유적지 및 유명한 레스토랑 방문과 쇼핑 등 다양한 활동을 운영하고 있다.

보르도 지방의 헤리티지 마케팅을 좀 더 자세히 살펴보면, 보르도 지방은 1980년대 말부터 지역 관광 사무소와 메독(Medoc) 지역 와인 위원회(Le Conseil cles vins du Medoc) 등과 함께 헤리티지 마케팅 활성화 노력을 펼치고 있다. 방문객들은 크게 와인에 많은 관심을 갖고 있는 프랑스 국민과 외국인 관광객으로 구분할 수 있다. 외국인 관광객들은 주로 보르도 지방 샤또를 방문하여 와이너리를 스스로 체험하고 와인 생산자와 직접 만나 지역별 와인 생산과정과 특성을 파악하기 위해 다양한 종류의 와인 시음을 통해 이해하고 구매하는 데 많은 관심을 보이고 있다.

보르도 지방의 와인 투어는 보르도 지방 전통 양식으로 꾸며진 특등급 호텔에 머무르거나 메독 지역의 아름다운 개인 사유지를 소유한 귀족의 대저택에 머무르며 전통적인 메독 와인, 소테른 화이트 와인(White of Sauternes), 쌩떼밀리용(St-Emillion)과 뽀므롤(Pomerol)의 레드와인 등에 대한 전문 지식을 와인 전문가에게 교육 받고, 지역 투어도 현지 가이드와 함께 즐길 수 있는 등 다양한 경험을 할 수 있는 프로그램으로 구성되어 있다.

와인 관광객을 위한 접대소나 와인 루트를 쉽게 찾기 위한 도로 표지판 등을 재정비하였다. 보르도 관광사무소는 와인 초보자를 위하여 고급요리가 곁들여진 와인 시음과 함께 와인의 아로므(Aromes)를 배울 수 있는 프로그램과 반나절 동안 포도농장 5개 구역을 방문하는 프로그램을 진행하고 있다. 점심이 포함된 일일 코스로 쌩떼밀리옹이나 메독 구역의 샤또들을 방문하는 종일 프로그램도 운영 중이다.

보르도 지방 내 그라브(Graves) 지역의 와인 투어 프로그램은 포도 요법 프로그램을 와인 투어의 핵심 프로그램으로 계획하였다. 붉은 포도와 유기 농 에센셜 오일 추출물이 담긴 뜨거운 온천욕과 와인 효모, 지롱드 꿀, 에센셜 오일 찜질과 함께 포도씨 향 오일 마사지를 받고 체질에 따른 포도 요법을 실시한다. 포도 요법은 19세기 프랑스 남서 지방에서 유행했던 것을 현대에 맞게 복원한 것으로 포도만을 이용한 식단을 통해 신체 각 기관의 독소를 배출한다는 것을 골자로 23일간 집중적으로 저칼로리 식이 요법과 병행한다. 이러한 건강을 위한 프로그램과 더불어 수영장과 헬스클럽이 마련된 화려한 호텔이나 오랜 전통의 대저택에서 와인 전문가와 셰프와 함께 진행되는 보르도 특유의 요리와 특등급 와인의 설명을 들으며 식사를 하게 된다. 그라브 지역의 차별화된 헤리티지 마케팅 전략은 현대인의 질병과 스트레스, 관광의 욕구 등 바쁜 현대 사회에 좀 더 융통성 있는 방식으로 발전하였으며 환경변화에 따라 변화하는 고객의 욕구에 부응하는 다양한 프로그램을 제공하고 있다(고종원, 최영수, 2005).

도맨 드 앙글라(Domaine d'Anglas)에서 4대째 와인을 제조하고 있는 옥시타니 포도원에서는 5~9월 동안 와이너리 투어 및 체험 프로그램을 제공한다. 프랑스 친환경 라벨인 Ecocert 인증을 받은 12헥타르 넓이의 포도원을 감상하고 지하 저장고와 100년이 넘은 와인 저장고를 구경하며 가을이 되면 포도 수확 작업도 직접 참여할 수 있다. 로(Lot)에 있는 샤토 드 샹베르(Château de Chamberd)는 아펠라시옹 인증을 받은 카오르 지방 와이너리 중 하나로, 전문가의 도움을 받아 직접 바이오 다이내믹 와인을 블렌딩해볼 수 있는 체험 프로그램을 진행하고 있다. 직접 만든 블렌딩 와인을 집에 가져갈 수도 있으며, 참가자에게는 지역 특산 샤퀴트리, 치즈 플레이트를 함께 제공하여 자신이 블렌딩한 와인을 그 자리에서 즐길 수 있도록 하였다. 랑그독(Languedoc) 지방의 카스티뇨(Castigno)에는 옛 모습 그대로 복원된 마을과 고성으로 구성된 와인 리조트가 있다. 미슐랭 스타 레스토랑의 음식을 맛보며 유기농 방식으로 만들어진 하우스 와인 생 시니앙(Saint Chinian)으로 리조트 내에서 다양한 체험을 해볼 수 있다(Explore France, 2021).

도맨 드 몽드빌 샹파뉴 뒤몽(Domaine de Mondeville Champagne Dumont)에 있는 클레르보(Clairvaux) 포도원에서는 바이오 다이내믹 농법과 유기농법을 준수하는 방식으로 발전하는 이곳의 샴페인을 시음하는 프로그램을 제공할 뿐만 아니라 증강 현실 세계에서 펼쳐지는 보물 찾기, 새나 파충류와 함께 하는 한밤의 산책, 샹파뉴 트러플을 찾아 떠나는 미식 투어 등 다양한 액티비티를 제공하며 증강현실을 결합한 와인 헤리티지 마케팅이라는 새로운 마케팅 전략을 펼치고 있다.

최근 국내에서도 충청북도 영동군 등에서 와이너리 마케팅을 펼치고 있다. 영동군에 있는 와이너리만 40여 곳이며, 국내에 존재하는 와이너리는 200여 곳이다(한겨레, 2021). 헤리티지 마케팅은 지역적 전통을 살려 지역에서 가장 경쟁력 있는 요소를 특화하고 개발해야 지역과 관광개발이 연계된 성과를 얻을 수 있다. 국내의 와이너리에서도 각 지역별 특색을 반영한 경쟁력 있는 요소를 분석하고 개발하여 이를 중심으로 헤리티지 마케팅을 펼친다면 국내에서도 좋은 사례를 이룰 수 있을 것이다.

[토론] 헤리티지 콘텐츠를 활용한 글로컬비즈니스마케팅의 사례 분석

1) 성공사례는?

2) 실패사례는?

CHAPTER 5

Glocal Business
Marketing

글로컬 의료서비스
마케팅의 이해

CHAPTER

글로컬 의료서비스 마케팅의 이해

1. 의료관광의 정의

의료관광이 미래 성장동력산업으로 주목받으면서 각국에서는 많은 관심을 두고 의료관광을 육성하고 있다. 의료관광이 지닌 의미도 해외에서 치료를 받는 Medical Travel에서 의료와 관광이 결합된 Medical Tourism, 포괄적인 건강 서비스를 소비하는 Wellness Tourism으로 영역이 확대되는 추세이다. 즉 의료관광은 의료와 관광 서비스 간 융복합이라는 개념으로 도입되었으나 명확한 정의가 있는 것은 아니다.

의료관광을 지칭하는 용어는 보건관광/건강관광(Health Tourism), 의료관광(Medical Tourism), 의료여행(Medical Travel), 웰빙 투어(Well-being Tour), 웰니스관광(Wellness Tourism), 힐링 투어(Healing Tour) 등으로 혼재되어 사용되고 있으며, 의료관광의 범주도 의료서비스만을 중심으로 보는 관점부터 자연을 활용한 관광활동, 정신수양 활동, 스트레스 관리 및 힐링 목적의 휴양활동, 비의료적인 건강증진활동 등으로 다양하다.

유엔세계관광기구(United Nations World Tourism Organization, UNWTO)

는 관광통계에 대한 국제 권고안 2008(International Recommendations for Tourism Statistics 2008, IRT2008)에서 관광의 주요 목적을 "만약 그 관광이 없었더라면 이루어지지 않았을 목적(3.10항)"이라고 정의하면서 개인의 관광목적 중 건강 및 치료 목적의 관광에 병원, 클리닉, 회복환자 요양소 등의 방문을 비롯하여 보건 및 사회시설 등에서 서비스 받는 것, 해수치료 및 스파, 의학시설 및 서비스를 사용한 성형수술, 의학적 권고에 기초한 치료를 받기 위해 특정 장소를 방문하는 것 등도 포함하고 있다. 1년 이상의 거주를 필요로 하는 장기 치료는 관광여행에 속하지 않기 때문에 "1년 이내의 단기적인 치료만 포함한다(1.4항)"라고도 정의하고 있다. 국내의 법률적 해석으로는 「관광진흥법」 제12조의2에서 의료관광이란 국내기관의 진료, 치료, 수술 등 의료서비스를 받는 환자와 그 동반자가 의료서비스와 병행하여 관광하는 것"이라고 정의하고 있다. 그러나 「관광진흥법」에서는 의료관광이라는 용어를 사용하는 반면, 「의료법」에서는 '외국인환자 유치'라는 용어를 사용하는 등 의료관광산업에 대한 명확한 개념적 정의가 설립되어 있지는 않다. 즉, 의료관광을 본인 혹은 의료진의 판단에 의거하여 심신의 건강을 보호하고 증진함을 목적으로 거주 국가의 국경을 벗어나 1년 이내의 기간으로 타국을 방문하는 방문객의 모든 활동 또는 이를 돕기 위한 동반자의 모든 활동으로 정의하였으며 의료관광객은 이러한 의료관광을 하는 자로 정의할 수 있다.

2. 의료관광의 유형

의료관광의 포함 범위를 어떻게 인식하느냐에 따라 의료관광 유형이 다르게 분류될 수 있고 개념들 간의 관계도 다르게 정립될 수 있다. 의료관광과 웰니스관광 영역을 구분한 경우는 대표적으로 Smith & Puczko(2009)를 들 수 있다. Smith & Puczko는 건강관광(Health Tourism)의 하위개념으로

수술 등 의료서비스 정도와 웰니스 정도에 따라 의료와 웰니스 영역을 구
분하고, 서비스 이용목적 및 활동 형태를 기준으로 기치료(Holistic), 레저와
오락(Leisure and Recreation), 의료 웰니스(Medical Wellness), 치료형 의료
서비스(Medical Therapeutic), 수술형 의료서비스(Medical Surgical)로 건강관
광의 유형을 나누었다. 웰니스 영역은 요가, 미용관리, 운동 등을 의미하고
의료 영역은 물리치료, 수술 등을 포함하며 웰니스와 의료가 결합된 중간
영역인 의료 웰니스에는 재활치료, 생활습관 교정 등을 포함하였다.

자료: Smith & Puczko(2009), Health and Wellness, Elsevier Ltd. 7

[그림 5-1] 의료관광 유형 분류(Smith & Puczko, 2009)

의료관광의 유형은 의료관광의 범주를 어떻게 구분하느냐에 따라 달라지지만 여행객의 특성과 여행 목적에 따라 크게 '의료중심'의 메디컬투어리즘과 '건강관리중심'의 웰니스투어리즘 형태로 분류할 수 있다.

3. 의료관광시장의 성장

(1) 글로벌 시장 규모

　의료관광은 관광객의 체류기간이 길고, 체류비용이 커서 21세기 고부가가치 관광산업으로 성장하고 있다. 싱가포르와 태국에서 시작된 의료관광산업은 세계적으로 급속한 성장세를 보이고 있으며, 2012년 기준 의료관광을 위해 자국을 떠난 관광객은 5,600만 명에 이른다. 세계 의료관광 규모는 2012년 약 100억 달러로 2004년 대비 2.5배가량 성장하였으며, 2019년 약 330억 달러 규모로 성장할 것으로 전망된다(한국관광공사, 2016). 특히 태국, 싱가포르, 인도, 말레이시아, 필리핀 등 아시아 국가들이 저렴한 진료비, 높은 수준의 의료서비스, 짧은 대기시간, 관광이 결합된 휴식 제공 등 의료관광 허브로서 입지를 구축하며 주요 의료관광 목적지로 손꼽히고 있다.

　의료관광시장이 확대되면서 최근에는 아시아 국가뿐 아니라 차별화된 고급 웰니스 관광상품을 내세운 유럽 국가를 중심으로 중국, 러시아, 중동지역의 VIP, VVIP 의료관광객 유치 경쟁이 점차 치열해지고 있다. 의료관광을 국가적 미래성장동력으로 육성하고 있는 각국 정부는 의료비자 발급, 세제지원을 비롯한 각종 우대정책들을 선보이고 있으며, 민간 중심으로 의료기반이 확충되면서 의료서비스의 질 또한 높아지고 있다. 병원은 호텔급의 서비스를 제공하며 스파 등 휴양시설에서는 클리닉 기능을 추가로 갖추는 등 세계 각지에서 의료관광객 유치를 위한 변화가 일어나고 있다.

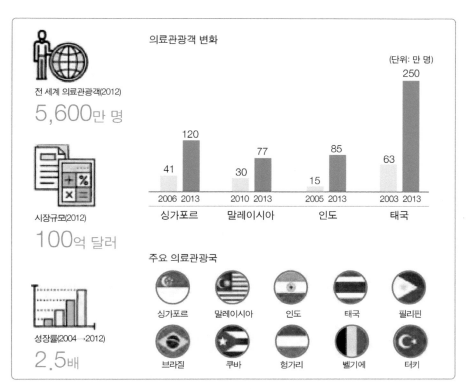

의료관광객 변화

(단위: 만 명)

전 세계 의료관광객(2012)
5,600만 명

시장규모(2012)
100억 달러

성장률(2004→2012)
2.5배

	싱가포르	말레이시아	인도	태국
2006	41			
2013	120			
2010		30		
2013		77		
2005			15	
2013			85	
2003				63
2013				250

주요 의료관광국

싱가포르 말레이시아 인도 태국 필리핀
브라질 쿠바 헝가리 벨기에 터키

[그림 5-2] 글로벌 의료관광시장(문화체육관광부, 2016)

(2) 글로벌 시장의 발전 배경

1) 자국 의료서비스 수준에 대한 불만족

동남아를 비롯하여 경제수준 격차가 심한 나라의 경우 일부 부유층에서 자국의 의료서비스에 만족하지 못하고 선진 의료서비스를 찾는 경우가 있다. 의료 선진국 소비자 중에서도 높은 비용 대비 서비스 질에 대한 불만족, 긴 대기시간 등의 이유로 해외 의료서비스를 이용하는 경우가 증가하고 있다.

UAE 고소득층은 자국의 의료서비스 수준에 만족하지 못하고, 미국 및 유럽 등지에서 의료서비스를 이용하고자 하는 욕구가 높으며, 러시아 국민은 자국의 의료기관 이용 후 21%가 만족하는 반면, 61%가 불만족한다는 조사 결과가 나오기도 하였다. 베트남의 경우에는 자국의 취약한 의료시설과 의료진에 대한 불신 탓에 해외 병원에서 진료를 받는 환자가 연간 4만 명에 이르며 이들이 쓰는 의료비는 연간 수조 원 규모로 추정된다. 인도네시아 고소득층 사람들이 해외에서 의료서비스에 지출한 금액은 연간 약 80억 달러에 이른다. 반면, 영국이나 캐나다 등은 전 국민을 대상으로 하는 건강보험체제가 잘 갖추어져 있고 의료서비스의 질도 높으나 수술을 받기 위해서는 장기간 대기해야 하기 때문에 빠른 치료를 위해 해외를 찾기도 한다. 해외로 나갈 경우 같은 금액으로 다양한 의료서비스를 받을 수 있다는 점 역시 의료관광이 활성화되기 시작한 강력한 동인으로 작용하였다. 아시아 주요 의료관광국의 서비스 비용은 미국 등 선진국의 25~80% 수준에 불과하지만 서비스 수준은 선진국과 유사한 수준을 보유하고 있다.

2) 의료비 부담 증가

인구고령화와 의료기술 발전 등으로 의료비 부담이 증가함에 따라 정부와 소비자들은 의료비 문제의 대안을 탐색하기 시작하였고, 의료관광이 대안시장으로 떠오르게 되었다. OECD국가의 GDP 대비 의료비 비중은 꾸준히 증가하여 2011년 6%에서 2020년에는 8.4%에 이르렀다.

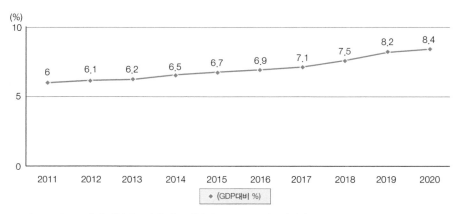

[그림 5-3] GDP 대비 경상의료비 추이(보건복지부 2019 국민보건계정, OECD Health Statistics, 2021)

3) 정보통신매체 발달과 의료관광 마케팅 확대

인터넷 등 정보통신매체의 발달로 각국 간 의료비용과 서비스 품질 비교가 손쉽게 가능해졌으며, 인터넷과 미디어의 해외 의료 정보제공으로 소비자는 자신들이 원하는 치료방법과 결과물에 대한 보다 자세한 정보를 손쉽게 얻을 수 있게 되었다. 이 결과 지역별·국가별로 가격 및 서비스 품질 우위를 판단하여 고객이 직접 의료관광 목적지와 유형을 선택할 수 있는 가능성이 높아졌다. 의료선진국에서 수학한 의료인력이 늘어나면서 의료인력과 의료기관들의 국제적 네트워크도 활발히 구축되고 있다. 의료선진국에서 교육이나 연수를 받은 의료개도국 의사들은 선진국 병원에 자신의 환자를 소개하고, 역으로 선진국에서 면허를 받고 활동했던 의료진이 본국으로 돌아가 네트워크를 활용하여 선진국 환자를 유치하기도 한다. 이러한 경우 언어문제도 동시에 해결되기에 의료관광객 유치에 유리하다. 또한 호텔과 의료기관이 협력하여 해외환자를 유치하기 위한 공동 마케팅에 나서는 등 네트워크를 통한 시너지 효과를 발휘하기도 한다.

4) 의료서비스 인증제도 확산

의료서비스에 대한 인증은 환자 중심의 서비스와 적정 수준 이상의 표준화된 의료서비스 제공에 대한 객관적인 지표가 될 수 있어 전 세계로 확산되고 있다. 해외 환자 유치에 적극적인 아시아 의료기관들 역시 의료서비스에 대한 품질 인증제도를 취득하고 시설 및 장비를 현대화하여 표준화된 선진국 수준의 의료서비스를 제공하고자 노력하고 있다. 인증제도가 확산되면서 인증제도 자체를 인증하는 국제의료질관리학회(International Society for Quality in Healthcare, ISQua)의 국제 인증 프로그램(International Accreditation Program, IAP)도 마련되었다.

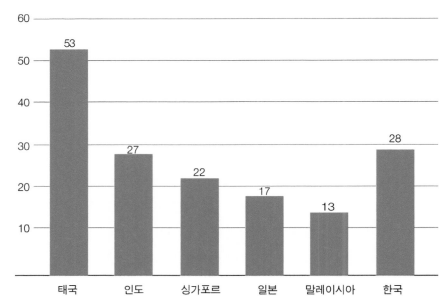

[그림 5-4] 주요 의료관광국의 JCI 인증현황(문화체육관광부, 2016)

대표적인 인증 프로그램으로 꼽히는 미국의 병원인증제도 JCI(Joint Commission International)는 환자가 병원에 들어서는 순간부터 퇴원까지 치료 전 과정을 11개 분야로 나눠 환자의 안전성과 양질의 의료서비스 제공에 관한 평가를 3년 단위로 수행하고 있다. 2016년 4월 현재 전 세계 60여 개 국가에서 836개 의료기관이 JCI인증을 받았다. 우리나라도 대학병원과 전문병원을 중심으로 의료서비스 인증 필요성에 대한 인식이 확산되면서 28개의 의료기관에서 JCI인증을 받았다.

5) 의료서비스 인증제도 확산

의료서비스 수요 증가 및 의료산업의 경쟁과 개방으로 의료관광객의 이동량과 그에 따른 경제적 파급효과가 날로 커지고 있으며, 의료관광산업은 각국의 주요 전략산업으로 주목받고 있다. 이처럼 의료관광이 산업의 형태를 띠고 성장하게 된 것은 고부가가치를 창출하기 위한 정부의 정책적 노력이 뒷받침되었기 때문이다. 의료관광 대국으로 성장한 태국의 경우 1997년 금융위기 당시 태국 사립병원의 43%가 존폐 기로에 있을 만큼 병원들의 경영상태가 대부분 악화되었고, 이를 개선하기 위해 정부에서 외국인을 대상으로 하는 의료서비스를 추진한 것에서 의료관광산업이 시작되었다. 태국 정부는 의료산업 육성을 위해 의료시장을 완전 개방하는 제도 개혁과 함께 태국의 풍부한 관광자원을 활용한 태국형 의료관광 서비스의 개발로 재기에 성공하였다. 또 다른 주요 의료관광국인 싱가포르의 경우, 정부가 주도하여 기존의 물류, 금융, 관광이 중심인 싱가포르 산업구조 자체를 의료 및 바이오 구조로 전환하였다. 의료관광 활성화를 위해 민간의료기관에 자율성을 부여하는 규제완화를 추진하였고, 의료 및 바이오산업의 비중은 2000년 이후 가파르게 성장하는 추세이다. 의료관광 주요 국가들 대부분은 의료관광 활성화를 위하여 의료비자 제도를 도입하는 등 의료관광객을 위한 제도개선을 추진하고 있다.

4. 한국의 의료관광 현황

(1) 한국의 의료관광시장 현황

한국 의료관광시장은 2009년 5월 「의료법」 개정으로 외국인환자 유치행위가 허용된 이래 정부의 의료관광 활성화 정책과 관련 종사자들의 적극적인 마케팅으로 급성장하고 있다. 한국은 의료관광 후발주자로서의 리스크와 추진 초기 많은 사회적 우려에도 불구하고 단기간에 괄목할 만한 성장을 이루었으며, 주요 의료관광국가 중 하나로 자리매김하는 데 성공했다.

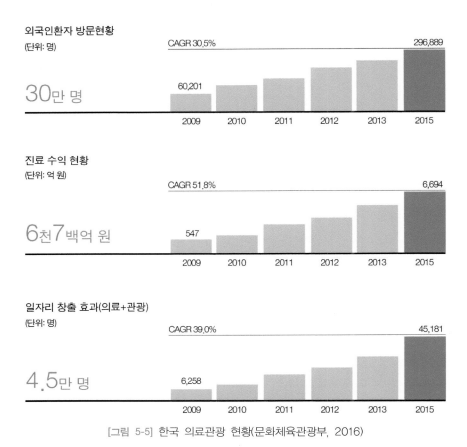

[그림 5-5] 한국 의료관광 현황(문화체육관광부, 2016)

한국을 찾는 외국인환자는 지속적으로 증가하여 2009년 6만 201명에서 2012년 15만 9,464명, 2015년에는 29만 6,889명에 이르며, 외국인환자의 진료수익도 2015년 6,694억 원으로 2009년 대비 연평균 성장률이 51.8%에 이른다. 또한 2018년 방한 의료관광객 79만 명, 의료관광시장 8.7억 달러로의 성장이 전망되는 등 지속적인 성장시장으로 분석되고 있다. 한국을 찾는 외국인환자가 늘어나면서 외국인환자의 국적도 2009년 141개국에서 2015년 188개국으로 다양해졌고, 연환자 100명 이상을 유치하는 국가 수도 2009년 28개국에서 2015년 66개국으로 늘어서 의료관광목적지로의 한국 의료시장의 성장을 보여준다.

〈표 5-1〉 외국인환자 추이

(단위: 명)

구분	2009	2010	2011	2012	2013	2014	2015
실환자 수	60,201	81,789	122,297	159,464	211,218	266,501	296,889
총국적 수	141	163	180	188	191	191	188
연환자 100명 이상 국가 수	28	32	43	48	54	56	66

자료: 2015년 외국인환자 유치실적 조사 결과(한국보건산업진흥원, 2016)

　　2015년 외국인환자의 국적은 중국인 환자가 9만 9,059명으로 33.4%를 차지하여 가장 많고 이후 미국, 러시아, 일본 순이다. 또한 카자흐스탄, 우즈베키스탄, UAE 등 G2G 협력을 지속하고 있는 전략국가 중심으로 꾸준한 증가세를 보이고 있다.

〈표 5-2〉 주요 국적별 외국인환자 현황

(단위: 명, %)

순위	국적	2011		2012		2013		2014		2015	
		환자 수	비중	환자 수	비중	환자 수	비중	환자 수	비중	환자 수	비중
	총환자 수	122,297	100	159,464	100	211,218	100	266,501	100	296,889	100
1	중국	19,222	15.7	32,503	20.4	56,075	26.5	79,481	29.8	99,059	33.4
2	미국	27,529	22.5	30,582	19.2	32,750	15.5	35,491	13.3	40,986	13.8
3	러시아	9,650	7.9	16,438	10.3	24,026	11.4	31,829	11.9	20,856	7.0
4	일본	22,491	18.4	19,744	12.4	16,849	8.0	14,336	5.4	18,884	6.4
5	카자흐스탄	732	0.6	1,633	1.0	2,890	1.4	8,029	3.0	12,567	4.2
6	몽골	3,266	2.7	8,407	5.3	12,034	5.7	12,803	4.8	12,522	4.2
7	베트남	1,336	1.1	2,231	1.4	2,988	1.4	3,728	1.4	5,316	1.8
8	캐나다	2,051	1.7	2,756	1.7	2,770	1.3	2,943	1.1	3,206	1.1
9	아랍에미리트	158	0.1	342	0.2	1,151	0.5	2,633	1.0	2,946	1.0
10	우즈베키스탄	491	0.4	824	0.5	1,358	0.6	1,904	0.7	2,634	0.9
11	필리핀	1,178	1.0	1,787	1.1	1,848	0.9	2,024	0.8	2,410	0.8

자료: 한국의료관광마케팅(문화체육관광부, 2016)

외국인환자의 총 진료수입은 6,694억 원으로 2014년 대비 20.2%가 증가했으며, 1인당 평균 진료비는 225만 원을 기록하며 전년대비 7.9% 증가했다. 특히 1억 원 이상의 진료비를 지출한 환자는 총 271명으로 전년대비 29.0% 증가했다. 국적별로는 중국인 환자가 지출한 진료비가 총 2,171억 원으로 전체 진료수입의 32.4%를 차지하고 있으며, 1인당 평균 진료비는 아랍에미리트가 1,503만 원으로 가장 높게 나타났다. 이는 중국인 환자는 방문객 수가 많으나 성형, 피부과 시술과 같은 경증 수술 및 시술의 비율이 높은 반면, 중동, 러시아권의 경우 중증환자의 비율이 높은 것에 기인한 결과로 판단된다.

〈표 5-3〉 주요 진료과별 상위 국적 현황(2015)

(단위: 명, %)

구분	총 실환자 수 (비중)	1위		2위		3위	
		국적명	환자 수	국적명	환자 수	국적명	환자 수
내과통합	79,091(21.3)	중국	18,161	미국	11,905	러시아	8,993
성형외과	41,263(11.1)	중국	26,537	일본	2,809	카자흐스탄	1,029
검진센터	34,284(9.3)	중국	8,734	러시아	4,357	미국	4,133
피부과	31,900(8.6)	중국	13,692	일본	5,749	미국	3,488
정형외과	22,468(6.1)	중국	6,767	미국	4,362	러시아	1,538

자료: 한국의료관광마케팅(문화체육관광부, 2016)

지역별 외국인환자 현황은 서울이 16만 5,689명으로 유치인원이 가장 많았으며 서울, 경기 지역이 전체 환자 유치의 74.9%(서울 55.8%, 경기 19.1%)를 차지하여 지역불균형 현상이 심한 가운데, 광주광역시와 전라도의 외국인환자(7,281명)가 전년대비 51.1% 증가하며 높은 증가율을 보였다.

(2) 의료관광산업의 파급효과

의료관광시장이 성장하고, 의료관광객의 활동이 증가하면서 그에 따른 경제적 파급효과도 증가하고 있다. 의료관광산업은 잠재력이 높은 사업영역으로, 의료관광과 연관된 의료산업은 의료 및 보건 서비스와 미용관련 산업이며 연관된 관광산업으로는 쇼핑, 식음료, 숙박, 오락 등의 산업으로 볼 수 있다. 의료관광은 의료산업과 관광산업의 융합으로 부가가치와 취업 및 고용 등에 미치는 영향력이 높다. 또한 의료 수준과 관광자원에 대한 대외 인지도 확산과 우리나라 전통의술인 한방과 한류 스타일의 세계 확산에도 기여하는 바가 크다.

〈표 5-4〉 의료관광 주요 서비스 공급주체

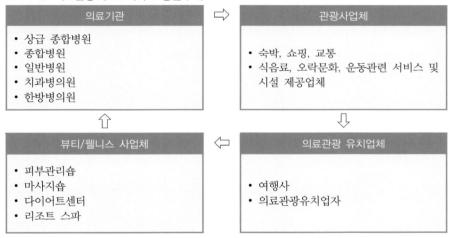

자료: 한국의료관광마케팅(문화체육관광부, 2016)

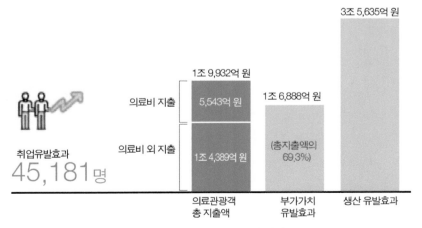

[그림 5-6] 의료관광 파급효과(문화체육관광부, 2016)

의료관광산업의 경제적 파급효과는 직접효과와 간접효과로 구성되는데, 직접효과는 의료관광객의 직접 지출항목과 연관된 산업군으로 산업연관표 상의 도소매서비스, 육상운송서비스, 음식점 및 숙박서비스, 사업지원서비스, 의료 및 보건서비스, 문화서비스 등 6개 산업부문이 해당된다. 간접효과는 의료관광객의 직접 지출항목 외 간접적으로 파생되는 산업군에 대한 경제적 파급효과로 직접효과 산업군을 제외한 75개 산업군이 포함된다.

2014년 자료를 기준으로 취업유발효과는 4만 5,181명으로 추정되며, 총생산유발효과는 3조 5,635억 원으로 추정된다. 이 중 직접효과는 2조 2,233억 원, 간접효과는 1조 3,402억 원으로 추정되며, 부가가치유발효과는 1조 6,888억 원으로 의료관광객 총 지출액(1조 9,932억 원)의 약 69.3%로 추정된다.

(3) 방한 의료관광객 동향

2015년 방한 의료관광객 1,547명을 대상으로 시행된 의료관광 만족도 조사에 따르면, 처음부터 의료서비스 혹은 의료서비스와 관광을 목적으로 입국한 관광객은 64.3%이며, 의료서비스를 염두에 두지 않고 방한하였으나 의료서비스를 이용한 경우도 29.5%에 달했다. 연령별로 살펴보면, 60세 이상은 처음부터 의료서비스 이용을 염두에 두는 비율이 77.8%로 높았고, 29세 이하는 '타 목적으로 방문 후 의료서비스 이용'의 응답률이 34.5%로 타연령층 대비 높게 나타났다. 국적별로 중국 국적 응답자는 '의료서비스 이용 겸 관광', 러시아 및 카자흐스탄 국적 응답자는 '의료서비스 이용', 일본 및 미국 국적 응답자는 '타 목적 방문 후 의료 서비스 이용' 응답률이 상대적으로 높은 편이다. 진료유형별로는 성형수술의 경우가 의료서비스 이용 계획의 82.3%로 목적성이 가장 뚜렷했으며, 성형수술을 제외한 일반수술 환자가 관광목적을 제외한 순수 의료서비스 목적으로 입원하는 비율이 가장 높아서 의료서비스의 경중에 따른 다양한 관광상품 개발이 필요함을 보여준다.

〈표 5-5〉 의료관광객의 한국 방문 목적

(단위 : 명, %)

총실환자 수(비중)		사례 수 (명)	의료서비스 이용	의료서비스 이용 겸 관광	타 목적으로 방문 후 의료서비스 이용	모름/ 무응답
전체		(1,547)	36.6	27.7	29.5	6.3(15.7)
국적	중국	(502)	29.7	39.4	29.3	3.4
	러시아	(307)	55.7	32.2	8.1	3.9
	일본	(196)	23.5	15.8	48.0	12.8
	카자흐스탄	(176)	67.6	21.0	7.4	4.0
	미국	(96)	11.5	19.8	59.4	9.4
	몽골	(51)	47.1	13.7	31.4	7.8
	우즈베키스탄	(44)	27.3	22.7	47.7	2.3
	캐나다	(32)	15.6	18.8	53.1	12.5
	필리핀	(28)	3.6	7.1	46.4	42.9
	베트남	(20)	25.0	10.0	55.0	10.0
진료 유형	치료	(444)	32.9	19.8	43.0	4.3
	수술(성형수술 제외)	(219)	69.4	7.8	21.5	1.4
	성형수술	(214)	39.3	43.0	14.5	3.3
	피부미용/노화방지 시술	(264)	22.0	47.0	26.1	4.9
	건강검진	(665)	39.2	29.6	22.0	9.2

자료: 한국의료관광마케팅(문화체육관광부, 2016)

의료관광객들이 한국을 선택한 이유로는 전 분야에서 고르게 '의료진의 우수한 의료기술'을 높게 꼽았다. 이어 의료기관 신뢰도(56.0%), 최첨단 의료장비 및 시설(40.1%), 외국인환자 대상 인적 서비스 인프라(31.7%) 등이 꼽혔다. 국적별로, 러시아 국적 응답자는 최첨단 의료장비 및 시설, 일본 국적 응답자는 적절한 가격 및 의사소통 편이성, 미국 국적 응답자는 적절한 가격 수준을 고려한 비율이 상대적으로 높게 나타났다.

한국 의료관광에 대한 정보수집 경로는 주로 친지 등 주변 사람 의견을 통해 습득하는 것(77.1%)으로 나타나 구전마케팅의 중요성을 확인시켰으며, 이외에 인터넷 검색(47.1%), 여행업체(39.7%), 방송매체의 광고/뉴스

(24.5%) 등의 경로도 응답되었다. 국적별로 살펴보면, 중국 및 러시아 국적 응답자는 여행업체에서 정보를 습득한 비율이 타 국적 대비 상대적으로 높으며, 의료기관 형태별로는 종합병원 이용자는 여행업체, 의원 이용자는 인터넷 검색을 통한 정보 습득 비율이 보다 높게 나타났다.

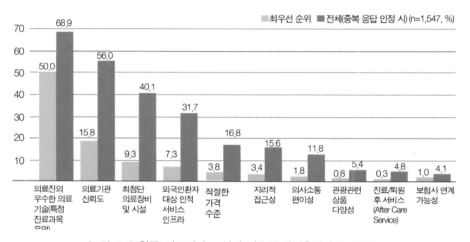

[그림 5-7] 한국 의료서비스 선택 이유(문화체육관광부, 2016)

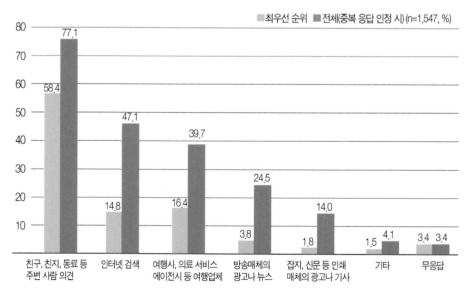

[그림 5-8] 한국 의료서비스 관련 정보 습득 경로(문화체육관광부, 2016)

의료서비스 경험에 대한 만족도 조사에서 전반적인 의료서비스 만족도
는 4.32점으로 나타났으며, 전체 응답자의 80.2%는 의료서비스를 위해 한
국을 다시 방문할 의향이 있다고 응답했다. 속성별로는 의료진의 전문성에
대해 의료서비스 평가 속성 중 가장 높은 만족도를 보였다. 의료서비스 이
용 목적으로 한국을 처음 방문한 사람과 재방문한 사람의 경우에도 의료진
전문성에 대한 만족도가 상대적으로 높았다. 반면, 가장 낮은 만족도를 보
인 항목은 음식, 문화, 생활방식 등에 대한 외국인환자 대상 서비스였으며,
여성보다 남성이, 진료 유형별로는 일반 치료를 받은 관광객의 만족도가
낮았고 지역별로는 몽골과 베트남 국적 응답자의 만족도가 가장 낮게 측정
되었다.

〈표 5-6〉 속성별 의료서비스 만족도

의료서비스 평가 속성	만족도 점수(5점 만점)
1) 의료진(의사, 간호사)의 전문성	4.44
2) 의료진의 친절성	4.44
3) 외국인환자 대상 코디네이터의 전문성	4.45
4) 외국인환자 대상 코디네이터의 친절성	4.47
5) 의료서비스 가격의 적절성	4.20
6) 의료기관 환경	4.36
7) 입퇴원 절차 등 병원 내 수속절차 편리성	4.28
8) 의료기관 접근성	4.27
9) 외국인환자 대상 서비스	4.20
10) 한국 내 의료서비스 관련 정보 제공	4.23
전반적 만족도	4.32
의료서비스 이용 목적 한국 재방문 의향	4.21

자료: 한국의료관광마케팅(문화체육관광부, 2016)

의료서비스 이용 시 불편사항으로는 '높은 비용'이 50.1%로 가장 많이 응답되었으며, 이 외에 의료 연계 관광상품 부족(26.1%), 의료서비스 관련 정보 습득 불편(24.9%), 외국인환자 전용 병실 부재/부족(21.9%) 등이 언급되었다.

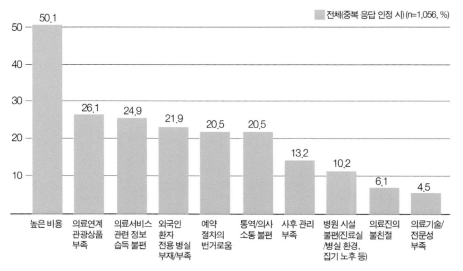

[그림 5-9] 한국 의료서비스 이용 시 불편사항(문화체육관광부, 2016)

(4) 한국 의료관광시장의 경쟁력

한국 의료관광시장은 정부의 지원정책 속에서 앞선 의료기술과 그에 비해 저렴한 비용과 신속한 서비스를 바탕으로 경쟁력을 강화하고 있다. 하지만 세계 의료관광시장 확대에 따라 주변국들의 의료관광객 유치 경쟁이 심화되고, 불법 브로커가 양산되는 등 의료관광 활성을 위협하는 저해요인도 증가하고 있다.

1) 앞선 의료기술 수준

한국의 앞선 의료기술은 이미 해외에서 인정받고 있으며 주요 암의 발병 후 5년 생존율과 간이식 성공률은 미국보다 우위에 있다고 판단되고 있다. 대표적으로 위암의 5년 후 생존율은 한국이 73.1%, 미국이 29.3%이며 최근 젊은 여성에게 많이 발병되고 있는 갑상선암의 경우 5년 후 생존율이 100%에 달하고 있다. OECD통계에서도 자궁경부암 5년 후 생존율은 한국이 세계 2위로 조사된 바 있다.

한국의 의료서비스는 특유의 효율적 시스템과 발전된 IT기술의 융합으로 원스톱 서비스가 일반화되어 있고 최첨단 장비 보유현황에 있어서도 세계 최고수준을 유지하고 있다. 고도의 기술이 요구되는 간 이식수술의 경우 한국의 연간 생체 간이식 수술 건수는 2014년 기준 858건으로 인구 백 명당 17.33명 수준이어서 여타 의료선진국을 크게 앞서고 있다. 또한 고도의 기술이 요구되는 고비용 치료인 심장질환과 관절교체의 경우 치료비가 미국의 1/3 수준, 일본의 2/3 수준으로 높은 의료기술 수준에도 강력한 가격 경쟁력을 확보하고 있다. 이 같은 기술경쟁력과 서비스 경쟁력은 OECD 회원국 중에서도 상위권으로 의료시설 및 장비는 34개국 중 2위, 의료서비스 경쟁력은 4위, 기술 수준은 9위를 기록할 정도로 인정받고 있다.

2) 저렴한 의료비

의료기술과 의료시설의 높은 수준에 비하여 의료비가 저렴한 것도 한국 의료관광의 장점이다. OECD 13개국의 의료비를 비교분석한 연구결과에서도 최근 발병률이 높은 급성 심근경색 의료비의 경우, 가장 높은 이탈리아 (8,827달러)에 비해 4배 이상 저렴한 것(1,174달러)으로 나타났고, CT나 MRI 등의 의료기기를 활용한 건강검진비용에서도 한국은 약 54달러로 OECD국가 중 가장 저렴한 반면 미국은 약 510달러로 약 10배 이상 차이가 나는 경우도 있다.

3) 한류의 영향

K-POP, K-Beauty, K-Fashion 등을 아우르는 K-Culture의 확산도 의료관광 산업 발전에 긍정적인 영향을 주고 있다. 산업연구원의 설문조사에서도 한국에서 경험하고 싶은 활동에 대해 '한식 체험'이 62%로 가장 높게 나타났으며, 미용·의료 체험이 응답의 15%를 차지하는 것으로 나타났다. 실제 미용 및 성형치료를 목적으로 우리나라를 방문하는 의료관광객 중에는 한류 열풍이 불고 있는 중국과 일본 관광객이 상당부분을 차지하고 있다.

5. 의료관광의 절차

의료서비스와 관광서비스를 함께 고려하는 일반적인 의료관광 흐름도 ([그림 5-10] 참고)를 통해 의료관광의 단계별 활동 특성을 알아보자.

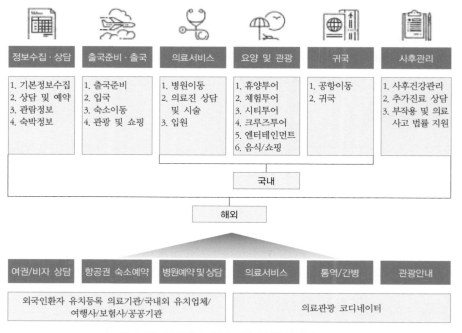

[그림 5-10] 의료관광 흐름도(문화체육관광부, 2016)

(1) 정보 수집 및 상담

의료서비스를 위해 해외로 나갈 의향이 있는 잠재적 소비자(의료관광객)는 본인이 원하는 진료과목에 대한 의료시설 및 의료기술 등 의료서비스의 기본 인프라에 대한 정보 수집을 시작하게 된다. 2015년에 한국의료관광을 경험한 의료관광객을 대상으로 실시한 조사에 의하면 의료서비스를 사전에 염두에 둔 비율은 64.3%였으며, 의료서비스에 대한 정보는 주변인의 추천이 77.1%로 가장 높게 나타났다. 의료관광객은 이 시기에 의료서비스뿐만 아니라 해당국가나 도시의 위치, 기후, 언어, 환율 등의 정보도 함께 수집하게 된다.

기본정보 수집을 통해 목적지 및 의료서비스에 대한 계획을 어느 정도 세우면 전문 의료기관 혹은 전문 에이전시나 여행사를 통한 상담을 진행하고 적절한 상품을 예약한다. 소비자인 의료관광객이 의료기관을 선택하는 방법은 크게 네 가지로 첫째, 해외 에이전시에서 의료관광객을 소개받은 국내 에이전시가 국내 의료기관을 소개하여 선정하는 경우, 둘째, 국내 에이전시가 해외 의료관광객을 국내 의료기관으로 소개하여 선정하는 경우, 셋째, 해외 에이전시가 해외 의료관광객을 국내 의료기관에 소개하여 선정하는 경우, 넷째, 의료관광객이 직접 국내 의료기관 홈페이지를 방문하거나 SNS, 구전을 통하여 직접 의료기관과 상담 후 선정하는 경우 등이 있다.

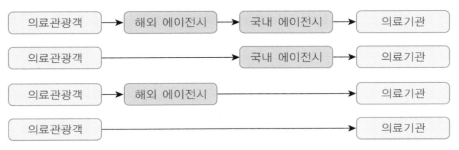

[그림 5-11] 의료관광객이 의료기관을 선택하는 방법(한국관광공사, 2016)

최근 정보통신기술이 발달하면서 인터넷이나 스마트폰 애플을 활용하여 직접 정보수집 및 예약을 진행하는 개별 의료관광객이 늘고 있다. 그 밖에 치료 외 여유시간을 위한 관광 및 휴양 정보나 숙박, 음식 및 쇼핑정보 등을 수집한다.

(2) 출국 준비 및 출국

의료서비스를 받기 위한 목적지와 체류기간 등이 확정되면 의료관광객은 목적국가로 이동하기 위한 출국준비를 하게 된다. 여권을 준비하고 의료서비스를 받기 위한 기본 서류 등을 준비해야 하며 비자협정에 따라 체류기간이나 진료 성향에 따른 의료관광비자(C-3-M 또는 G-1-M) 등을 신청하고 발급받는 단계이다. 이 단계부터는 국가별, 의료기관별로 요구하는 바가 상이하기 때문에 의료관광코디네이터 등 전문가의 도움이 필요할 수 있다. 체류기간을 고려한 항공권 및 숙박 예약이 사전에 이루어져야 한다. 출국준비에 관한 정보는 한국관광공사와 지자체의 의료관광 홈페이지 등을 활용하면 손쉽게 구할 수 있으며 의료관광비자 발급과 관련된 사항은 '의료관광 관련 법령'에서 확인할 수 있다.

모든 준비를 마치고 한국으로 입국한 의료관광객은 입국수속을 밟고 미리 지정된 숙소로 이동하게 된다. 숙소까지의 이동방법은 여행사 및 에이전시와 사전 협의 시 안내인이 마중을 나오는 경우도 있고 개인적으로 인터내셔널 택시나 공항철도 및 리무진 버스를 이용하는 방법도 있다. 거동이 불편하거나 중환자, 응급환자의 경우 앰뷸런스를 이용하여 공항 내부에서부터 목적지로 이동이 가능하다. 숙소 이동 후에는 짐을 풀고 본격적인 의료서비스에 앞서 사전에 계획한 내용이나 인천국제공항 내 의료관광 안내홍보센터에서 수집한 정보를 바탕으로 휴식 및 관광을 즐긴다.

> 앰불런스 출입 관련 인천국제공항 운영 현황
> • 일반(비응급)환자 : 출입국 수속 후 공항외부(랜드사이드) 후송 원칙
> • 거동불편 중환자 : 항공사에서 사전출입증 신청 후 공항내부(에어사이드) 출입가능
> • 응급환자 : 인천국제공항 표준 운영 절차서에 따라 응급 처치 후 공항소방대 앰불런스
>   로 병원 후송

(3) 의료서비스

의료관광객은 이제 이번 관광의 주된 목적인 의료서비스를 받기 위해 해당 의료기관으로 이동한다. 여행사나 에이전시에서 의료기관까지 이동차량을 제공하기도 하고 거동이 불편할 경우 앰불런스를 이용하기도 한다. 최근에는 의료관광객의 편의와 사생활 보호를 위하여 호텔 내에 의료기관이 입주하는 경우도 늘고 있으며 숙박시설을 갖춘 검진센터 등도 운영되고 있다. 의료진의 상담 및 의료시술 전 과정에서 의료관광코디네이터가 의료관광객의 모든 예약일정 및 병원업무를 지원하게 된다. 의료보험과 연계할수 있도록 하거나 사전 미팅을 통해 의료관광객의 요구사항을 파악하여 병원과 의료진에게 전달하는 역할도 이들이 담당하게 된다. 최근에는 외국어가 가능한 의료진이 직접 상담 및 시술을 진행하는 경우도 늘고 있으나 전문통역사나 의료관광코디네이터가 통역을 진행하기도 하며, 필요시 의료관광객 자국의사와의 상담도 진행된다.

(4) 요양 및 관광

시술이 끝났거나 다음 시술을 위한 회복기간 동안 의료관광객은 건강의 호전을 위하여 휴양하면서 몸조리에 들어가게 된다. 이 기간 동안 사전에 계획한 내용이나 의료관광 안내홍보센터, 여행사, 에이전시, 숙소 등을 통해 수집한 정보를 바탕으로 휴양, 체험투어, 시티투어, 엔터테인먼트 관광을 즐긴다.

(5) 귀국

한국 내에서 모든 일정을 소화하고 어느 정도 회복기간을 거친 의료관광객은 자국으로 돌아가게 된다. 입국 때와 마찬가지로 공항까지는 여행사나 에이전시의 환송서비스나 대중교통을 이용하게 되며, 거동이 불편하거나 중증환자인 경우 앰뷸런스를 이용할 수 있다. 출국은 탑승 수속 → 세관신고 → 보안검색 → 출국심사 → 탑승의 과정으로 이루어진다.

(6) 사후관리

의료관광객이 자국으로 돌아간 이후에도 지속적인 건강관리나 추가진료에 대한 상담이 필요하다. 또한 만약의 부작용 및 의료사고 발생 시 이에 대한 대응도 필요하다. 2012년 4월부터는 한국의료분쟁조정중재원(www.k-medi.or.kr, 1670 또는 2545)이 설립되어 의료사고 및 불편사항으로 분쟁이 발생했을 때 도움을 주고 있다.

〈표 5-7〉 국내 의료기관의 해외 의료관광객을 위한 의료관광 진행 프로세스

진행과정	구분	내용
초기 준비단계	정보수집	환자의 개인정보, 건강상태, 진료기록, 진료비 지불주체 및 지불방식
	진료계획 수립	진료 의료진 선정, 치료 가능여부, 치료 계획, 진료 일정, 사전 준비사항
	예상 진료비용 산출	환자에게 필요한 검사, 시술 및 치료 계획에 따른 예상 진료비 확인 후 진료비 견적
	회신	신속한 회신, Contact-point 안내, 환자와의 긍정적인 관계 형성
확인단계	초청장 작성	방문 목적, 의료관광 서비스 내용
	예약 확인서 작성	방문 목적, 의료관광 서비스 내용
	환자 등록	환자 개인정보, 재진의 경우 개인정보 변경 여부 확인
	예약 일시 확정	진료 과목 및 담당 의료진 선정, 입원치료의 경우 병실 이용기간 및 종류 확인, 예약 일시 확정

	예약사항 안내	진료, 검사/시술에 대한 예약 내용과 사전 준비사항 안내, 예약 변경 및 취소 확인
	진료비 지불방식 안내	보험여부 확인, 진료비 지불보증 범위확인, 개인부담금 확인, 진료에 필요한 서류 확인
영접	공항 픽업	이동차량 준비, 응급환자일 경우 앰뷸런스 준비, 거동이 불편한 중환자일 경우 항공사에 사전출입증 신청, Name Board 준비
	이동	준비된 차량으로 이동, 의료관광 일정 안내 및 조정
의료서비스 과정	병원 도착	병원 안내
	대기	편안한 분위기
	진료 전	언어별 의료관광코디네이터 배치, 환자 기본정보 확인, 지불방법 확인
	진료 중	환자 상태 확인, 진료 및 검사 시 환자의 사생활 노출 최소화
	진료 후	진료 내역 확인, 검사/치료, 처방전 발급, 재진 예약
	귀가 전 준비사항	의료관광 서비스 만족도 설문조사, 출국 항공편 및 교통편 확인
	퇴원	퇴원 프로세스 안내, 수납, 필요한 영문 서류 준비
송영	공항으로 이동	차량 준비
사후 관리		정기적으로 F/U Letter/E-mail 발송

자료: 의료법률비서실무(이지은, 2019)

앰뷸런스 출입 관련 인천국제공항 운영 현황	• 일반(비응급)환자 : 출입국 수속 후 공항외부(랜드사이드) 후송 원칙 • 거동불편 중환자 : 항공사에서 사전출입증 신청 후 공항내부(에어사이드) 출입가능 • 응급환자 : 인천국제공항 표준 운영 절차서에 따라 응급 처치 후 공항 소방대 앰뷸런스로 병원 후송

의료관광 지원제도 의료관광 비자	1. **단기방문비자(C-3-3)** 　① 1회 부여 체류기간의 상한 : 90일 　② 체류자격 : 외국인환자 사증 및 사증발급인정 발급지침 대상자 중 단기 방문자 　　*단기방문 자격은 영리를 목적으로 하는 사람에게 발급될 수 없음 　③ 발급대상 : 외국인환자 유치기관 중 법무부장관이 '전자 사증 대리신청 기관'으로 지정한 우수 유치기관에서 초청한 국인환자 및 동반자 　④ 제출서류 및 발급 내용 : '외국인환자 사증(C-3-3, G-1-10) 발급 및 체류관리 지침'에 따라 서류제출 및 사증 발급

2. 전자사증 대리신청 기관
온라인으로 사증발급인정서를 신청한 전력이 있는 유치기관 중 아래 기준을 충족한 유치기관 지정
① 전자사증 대리신청 기관 지정 기준
- 최근 약 2년간 5회 이상, 총 50명 이상 의료관광(C-3-3, G-1-10) 사증발급인정서 발급 대리 신청을 하였을 것
- 사증발급인정서 발급신청자 대비 동 기간 사증발급인정서 발급불허자, 신규불법 체류자, 입국거부자, 재외공간 사증불허자를 합계한 인원의 비율이 20% 미만일 것
② 대리신청 기관 재지정
1년마다 전체 유치기관을 대상으로 지정요건을 재심사하여 매년 7월 중 대리신청 기관 재지정(매년 6월 말 기준, 최근 2년 이내 실적)
③ 대리신청 기관 통보
전자사증 대리신청 기관으로 지정된 유치기관에 이메일 등으로 지정사실을 통보하고 하이코리아(www.hikorea.go.kr) 등 홈페이지에 지정내용 게시(기관명, 대표자명, 사업장 주소)

3. 기타 비자(G-1-10)
① 체류기간의 상한 : 1년
② 발급대상
- 외국인환자 유치기관의 초청을 받지 않고, 국내 의료기관에서 진료 또는 요양할 목적으로 입국하고자 하는 외국인환자
- 외국인환자의 간병 등을 위해 동반입국이 필요한 배우자 등 동반가족 및 간병인
  - 국내 병원과 송출국가 간 환자 송출계약을 체결하고 송출국가에서 진료비 등을 지원하는 외국인환자에 대하여 간병인 동반입국 허용

의료관광 지원제도 의료관광 비자	③ 첨부서류
	- 사증발급신청서, 여권, 표준규격사진 1매, 수수료
	- 국내외 의료기관 또는 요양기관에서 발급한 치료 또는 요양을 소명할 수 있는 병원 진단서, 의사소견서 등 입증 자료
	- 국내 의료기관 또는 요양기관에서 치료 또는 요양관련 예약 입증 자료 징구
	- 치료비, 체재비 등 부담능력 또는 재정능력 입증서류
	- 가족관계 및 간병인 입증서류

6. 의료관광 마케팅

(1) 의료관광 마케팅의 배경

경제구조가 산업사회에서 서비스사회로 변해갈수록 서비스 제공자는 고객들에게 고품질의 서비스를 제공하기 위해 그들을 이해하고 세분화할 수 있는 방안을 강구하게 되었고, 경쟁이 치열해짐에 따라 소비자의 선택을 도울 수 있는 능동적인 정보제공과 소비자에게 각인될 수 있는 홍보수단을 강조하게 되었다. 이는 의료산업에서도 동일하게 적용된다. 과거 의료기관은 사회의 공공성을 강하게 띤 단체였으며, 수요가 공급을 초과하는 시장에 속해 있었으나, 현대에는 공공성은 그대로 유지하면서도 시술에 대한 결과와 더불어 만족도, 친절도, 사후관리 서비스, 원활한 의사소통을 중요한 요소로 여긴다. 이러한 요소들을 포괄하여 소비자에게 특정 의료관광상품을 각인시켜 최종 구매 결정을 이끌어내는 것이 의료관광 마케팅의 주요 업무이다.

보건 및 의료분야에서의 마케팅 도입은 1975년 미국 일리노이주 Evanston 시의 Evanston병원에서 공식적으로 마케팅 담당 임원을 임명한 것을 그 시작으로 본다. 그 후 1994년 미국 내 의료기관의 운영기준을 인증하는 의료기관 평가합동위원회(Joint Commission on Accreditation of Healthcare Organization, JCAHO)에서 인증평가기준에 고객만족을 위한 업무수행 개선도를 측정하는 내용을 포함하였고, 이는 의료기관의 마케팅 지향적이고 소비자 대응적인 자세의 필요성을 인식시키는 계기가 되었다.

의료기관의 마케팅 활동은 국내 도입 시에도 의료서비스의 공익적인 목적과 시장에서 최대효과를 얻기 위한 마케팅의 수익적 측면이 상충되는 것이 아니냐는 논란에 휩싸이기도 하였다. 그러나 요즘 버스나 전철 등 공공장소에서 병원 광고를 찾아보는 것은 어려운 일이 아니며, 블로그나 SNS를 활용한 다방면의 의료마케팅 방안이 나오고 있다. 과장광고나 마케팅 비용으로 인한 진료비 상승이라는 부작용도 있지만 의료마케팅 결과 환자들은 보다 다양한 정보를 손쉽게 접할 수 있으며, 의료서비스 역시 질적으로 높은 성장세를 보이고 있다.

(2) 의료관광 마케팅 추진 과정

의료관광 마케팅은 일반적인 마케팅 수단에 대입하여 '의료관광상품이나 서비스를 공급자로부터 수요자에게 원활히 유통될 수 있도록 조정하는 활동'이라고 광의적으로 해석할 수도 있다. 의료관광 마케팅이 일반적인 마케팅과 차이를 보이는 점은 우선 무형의 상품이라는 점, 상품 생산과정에서 소비자가 참여하여 소비자가 상품의 일부분이 되어 서비스 경험이 결정된다는 점, 품질의 균질성을 유지하기 어렵다는 점 등이다.

의료관광 마케팅의 일반적인 과정은 다음과 같이 4단계의 흐름을 거친다.

- 1단계 : 시장조사를 통한 사업기획
- 2단계 : 시장을 세분화하여 표적시장을 선정한 다음 포지셔닝
- 3단계 : 마케팅 믹스전략 구축
- 4단계 : 시장 확보 후 평가와 통제, 계획 조정

의료관광 마케팅은 잠재된 의료관광 욕구를 일으키는 활동에서부터 의료관광객의 욕구를 충족시켜 주는 것을 목적으로 하는 의료관광사업 활동이므로 다양한 수단들을 적절하게 섞어 종합적으로 활용하는 마케팅 믹스(marketing mix)의 개념을 갖는다. 마케팅 믹스란 표적시장에 대한 각종 마케팅 수단을 결합하여 그 목적 달성을 극대화하는 것 즉, 한국 의료관광상품이 의료관광객에게 선택될 수 있도록 마케팅 수단을 전략적으로 믹스하여 최소의 비용으로 최대의 반응을 불러일으킬 수 있는 방안을 마련하고 이를 표적시장에 적용함으로써 소비자의 반응을 환기시키는 것이다.

일반적으로 믹스전략은 마케팅의 기본 수단인 4P[상품(Product), 유통(Place), 가격(Price), 촉진(Promotion)]를 통제 불가능한 환경변수(정치적, 경제적, 사회적, 문화적 환경)에 최적으로 혼합시키는 전략이지만, 의료관광 마케팅에서는 전통적인 마케팅 수단인 4P에 사람(People), 물리적 환경(Physical Environment), 과정(Process), 패키징(Packaging)을 더하여 8P로 분류하는 경향이 있다. 이는 의료관광산업의 특성상 사람, 물리적 환경, 서비스 과정 등에 의존하는 부분이 많기 때문이다. 이 외에도 프로그래밍(Programming), 제휴(Partnership), 참가(Participation) 등을 포함하여 13P까지 분류하기도 한다.

[그림 5-12] 의료관광 마케팅 과정(한국관광공사, 2016)

7. 지자체별 의료관광 사례

(1) 서울특별시 의료관광 사례

서울시는 의료기관 및 다양한 의료자원이 집중되어 있는 의료관광 대표

도시이며, 서울을 찾는 의료관광객이 만족할 수 있도록 의료관광 수용태세 개선, 신뢰할 수 있는 의료관광 환경 조성, 서울 의료관광 인지도 제고 등 다양한 정책을 추진하고 있다. 서울시는 의료관광객이 믿고 찾을 수 있는 서울 의료관광 환경 조성을 위해 우수한 의료기술과 유치 역량을 갖춘 기관을 선정하여 서울의료관광 협력기관 제도를 운영하고 있다. 서울의료관광 협력기관은 서울시 내에 소재한 의료기관 50개소, 관광분야 기관 35개소로 이루어져 있으며 서울시와 함께 의료관광 상품 개발 및 공동 마케팅을 진행함으로써 의료관광객 유치 확대를 위해 지속적으로 노력하고 있다.

서울을 찾는 의료관광객이 의사소통에 불편함이 없도록 서울시내 의료기관을 대상으로 10개 언어권 92명의 의료관광통역 코디네이터를 지원하고 있으며, 적극적인 환대 분위기 조성과 의료기관까지 접근성을 높이기 위해 공항 환대 피케팅 서비스와 픽업서비스를 제공하고 있다. 2016년 2월에는 의료관광 편의를 위해 서울 중구 명동에 '서울의료관광 헬프데스크'를 개소하였고, 의료관광 전문 상담원이 5개 언어로 서울 지역 관광안내, 서울 의료관광 협력기관 소개, 서울의료관광 코스 및 상품 안내, 의료관광 통역 및 픽업서비스 연계 등 서울의료관광에 특화된 서비스를 제공하고 있다.

2016년 3월 협력 의료기관 50개소의 자율적인 동참으로 서울의료관광 공식 홈페이지(www.medicaltourseoul.com)에 4개 언어로 외국인환자 진료수가(시술과목, 시술기간, 시술세부사항, 시술비용 등)를 공개하여 외국인환자의 진료비 정보 부재로 인한 부당요금 등 피해를 예방하고 신뢰할 수 있는 의료관광 환경을 조성해 나가고 있다.

서울시는 중국, 러시아 등 방한 의료관광 주요국가와 의료관광객 증가율이 높은 국가를 타깃으로, 해외 의료관광 설명회 및 교역전, 팸투어 등을 진행하고 있으며, 협력기관과 함께 현지 주요 바이어를 대상으로 서울의 우수한 의료서비스와 관광 인프라를 널리 알려 의료관광객을 지속적으로 유지하고 더욱 활성화시키기 위해 노력하고 있다(문화체육관광부, 2016).

(2) 대전광역시 의료관광 사례

대전시는 많은 의료기관이 밀집되어 있으며, 첨단과학기술의 메카로 교통 접근성이 높다. 메디컬스트리트 조성 및 유성온천치료 건강거리 조성, 오감만족 힐링사업 등으로 의료관광 경쟁력을 갖추고 있다. 대전은 지역의료관광 활성화를 위한 3대 중점 추진방향으로 지역 MICE 산업과의 연계및 해외 기업체 포상 건강검진을 통한 외국인환자 유치, 척추질환 및 심장질환자 등 중증환자 유치, 피부·성형·안과·한방 등의 지역특화시술을 중심으로 외국인 의료관광객 유치로 설정하고 이를 위해 다각적인 노력을기울이고 있다.

대전시는 지역 의료관광 활성화를 위해 의료관광지원센터를 대전마케팅공사에 위탁 및 운영하고 있다. 센터에서는 해외 홍보마케팅, 코디네이터양성 및 통역 지원, 지역 의료관광 인프라 구축과 대전을 방문한 의료관광객에 대한 의료서비스 품질 제고 등 의료관광 활성화를 위한 지원업무를총괄하고 있다.

2012년 8월부터는 외국인을 위한 휴양형 첨단 의료관광 연계협력사업이국토교통부 내륙권 광역연계 시범사업으로 선정되어 대전과 강원도, 충북제천시, 충남 금산군 등 4개 광역지자체와 함께 추진하고 있다. 2013년에는농림축산식품부 주관으로 K-Farm 누리사업(농촌체험 의료관광사업)에 최종 선정되는 등 지속적인 의료관광 활성화 사업추진으로 지역의료관광의고도화를 장려하고 있다. 2015년부터 러시아 및 중국 부모동행 청소년 의료관광 캠프사업을 진행하여 지속적인 해외네트워크 확장 및 지역의료관광의 세계화를 추진하고 있다(문화체육관광부, 2016).

8. 웰니스관광

(1) 의료관광 트렌드와 발전방향

　헬스케어 3.0으로 대변되는 의료서비스의 범위, 대상 및 방식의 변화는 기대수명 증가로 삶의 질에 대한 관심이 증가하면서 건강패러다임이 변화한 것에 기인한다. 현대 사회의 기대수명은 경제성장에 따른 국민소득과 생활 수준의 향상, 보건위생의 개선, 의학의 발달, 교육 여건 향상에 따른 의식 개선 등으로 급속하게 증가하고 있다. 1970년 70.1세이던 OECD 국가의 평균 기대수명은 2013년 80.5세로 증가하였고, 만 65세 이상 고령인구는 2010년에 이미 15%를 넘어섰다. 2050년 OECD 국가의 고령인구비율은 평균 27.1%로 고령인구 비율이 20%를 넘는 초고령사회가 될 것으로 전망되고 있으며, 초고령사회로의 진입 소요기간도 점점 단축되고 있다(한국보건산업진흥원, 2015).

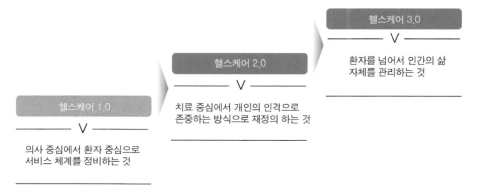

[그림 5-13] 헬스케어 개념의 변화(삼성경제연구소, 2011).

　고령화가 진행되면서 비만, 우울증, 공황장애 등 정신적 질환과 만성질환이 늘고 있으며, 건강에 관한 기준도 오래 사는 것에서 삶의 질을 높여 건강하게 사는 것으로 바뀌었다. 이에 따라 GDP 대비 의료비 지출부담이 커지고 있으며, 소득 수준이 높아질수록 양질의 의료서비스를 선호하는 등

소득수준과 의료비 지출 사이의 강한 상관 관계로 건강관련 시장의 규모 역시 지속적으로 성장할 것으로 예상된다. 실제로 소득수준이 높은 국가일수록 기대수명이 높은 편이며, 기대수명이 높은 국가는 건강에 관한 지출도 높게 나타나고 있다. 건강에 관한 지출은 지속적으로 증가하여 2070년에는 OECD가입국의 GDP 대비 평균 건강관련 소비량이 30%에 이를 것으로 전망되며, 건강관련 시장 규모는 2012년 3조 5천억 달러에서 2020년 6조 9천억 달러로 성장할 것으로 전망된다(한국보건산업진흥원, 2015).

이에 의료산업도 의료기관의 질병치료에서 예측, 예방, 맞춤, 참여의 4P[1])를 강조하는 패러다임으로 변화하면서 사전진단, 건강유지 등 인간의 삶 자체에 대한 관리로 옮겨가고 있다. 의료서비스에 대한 인식 역시 공급자 위주의 사후적 치료중심 서비스에서 예방적 건강관리에 중점을 둔 수요자 중심의 능동적 서비스로 변화하고 있다. 이해 관계자도 병원과 환자 중심에서 보험사, IT, 통신업체, 건강관련 업체, 환자, 건강을 추구하는 사람 등으로 범위가 확대되고 있다.

리로이 후드(Leroy Hood) 등이 2000년대 중반에 처음 소개한 것으로 예측 의료(Predictive Medicine), 예방 의료(Preventive Medicine)와 맞춤 의료(Personalized Medicine), 참여 의료(Participatory Medicine)를 뜻한다. 질병을 미리 예측하고 사전에 예방하며, 개별 환자에 특화된 맞춤형 의료를 제공하고, 그 과정에서 환자의 역할이 커지는 것을 의미한다.

---

1) 리로이 후드(Leroy Hood) 등이 2000년대 중반에 처음 소개한 것으로 예측 의료(Predictive Medicine), 예방 의료(Preventive Medicine)와 맞춤 의료(Personalized Medicine), 참여 의료 (Participatory Medicine)를 뜻한다. 질병을 미리 예측하고 사전에 예방하며, 개별 환자에 특화된 맞춤형 의료를 제공하고, 그 과정에서 환자의 역할이 커지는 것을 의미한다.

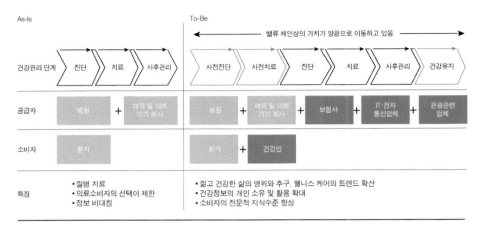

[그림 5-14] 의료 패러다임의 변화(Deloitte Consulting, 2014)

건강관리를 예방-사전진단-치료-사후관리 단계로 나눠보면 의료 패러다임이 예방의학으로 발전하면서 예방과 사전진단 영역에서 10% 이상의 가파른 성장이 예상된다. 의료서비스 측면에서도 마사지, 스파, 명상, 식단관리 등 현대인들이 겪고 있는 만성질환이나 생활습관병을 관리하는 프로그램을 개발하는 사례가 늘고 있다.

(2) 대체의학에 대한 관심 증가

서양의학의 한계에 대한 인식과 자연주의 사조의 유행, 양방 의료비의 상승 등으로 인해 동양의학에 대한 관심이 증가하면서 관련 시장이 확대되고 있다. 한의학, 중의학과 같은 천연물을 이용한 보완 또는 대체의학은 천연물을 가공한 약재를 사용하기 때문에 화학적인 가공을 통한 양약보다 인체에 미치는 부작용이 상대적으로 적어 삶의 질을 고려하는 트렌드에 맞춰 새롭게 주목받고 있다.

WHO에서도 보완대체의학이 각종 질병에 효과가 있음을 인정하였으며, 이에 대한 사용을 장려하는 전통의학 종합전략을 수립하였다. 각국의 전통의학에 대한 관심 고조로 세계 전통의학시장 관련 시장 규모는 지속적인 증가 추세를 보이고 있다. 미국의 시장조사 전문 업체인 Global Industry Analysts, Inc.(이하 GIA)의 2012년 보고서에 따르면, 세계 보완대체의학 시장은 2011년 898억 6천만 달러에서 2015년 1,141억 8천만 달러로 성장할 것으로 예측된다(한국보건산업진흥원, 2015).

미국에서는 연방정부의 적극적 지원으로 전통의학에 관련된 투자가 현저한 증가세를 보이고 있으며, 일부 요법들이 보험금 지급 대상에 포함되기도 하였다. 미국보완대체의학센터(NCCAM)를 통하여 관련 연구가 활발히 진행 중이며, NCCAM에서는 보완 및 대체의학(Complementary/Alternative Medicine; CAM)을 대체 의학(Alternative Medical Systems), 생물기반 치료(Biologically Based Therapies), 심신 상호작용(Mind Body Intervention), 수기 및 신체 기반 시술(Manipulative and Body Based Method), 에너지 치료(Energy Therapy) 등의 5가지 대분류로 나누고 있다. 한방은 이 중 대체의학에 포함될 수 있다.

미국 내 주요 보완/대체의학 종류 및 비중   단위: %

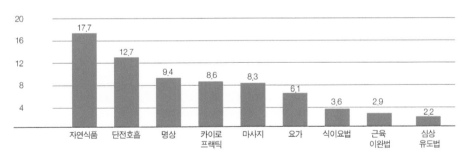

[그림 5-15] 미국 내 주요 보완/대체의학 종류 및 비중(한국보건산업진흥원, 2014).

(3) 웰니스관광의 개념

웰니스(Wellness)란 건강한 생활의 모든 영역을 포괄하는 광의적인 개념이다. 즉, 웰니스의 3요소인 운동, 영양, 휴양을 통합하여 건강을 추구하는 것을 의미하며, 이때 건강이란 WHO의 정의에 따라 '단순히 질병이 없거나 허약하지 않다는 것에 그치지 않고 신체적, 정신적, 사회적으로 온전한 상태'를 의미한다(World Health Organization, 1948).

웰니스는 1961년 미국, Dunn의 저서 "High Level Wellness"에서 최초로 사용된 개념으로, 개개인이 최적의 건강을 향하여 성공적으로 도달할 수 있도록 생활양식의 변화를 위해 능동적으로 노력하는 과정, 혹은 최적의 건강을 위해 바람직한 생활양식의 변화를 추구하는 것을 의미한다. 국내에서는 2012년 지식경제부에서 웰니스란 육체적, 정신적, 감성적, 사회적, 지적영역에서의 최적의 상태를 추구하는 것으로, 쾌적하고 안전한 공간과 건강하고 활기찬 활동을 위한 인간의 상태와 행위, 노력을 포괄하는 개념으로 정의한 바 있다. 웰니스는 연구 목적과 적용방향에 따라 'Well-being + Happiness' 또는 'Well-being + Fitness' 등의 합성어 개념으로 정의된다(김기홍, 서병로, 강한승, 2013). 지금까지 추구해온 '웰빙'이 주로 육체적인 건강에 초점이 맞춰져 어느 정도의 스트레스와 희생을 감수해야 했다면, 신개념인 웰니스는 육체적 건강과 함께 정신적 건강을 추구하는 경향이 강하다.

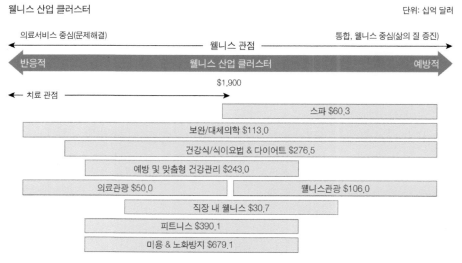

[그림 5-16] 웰니스산업 클러스터(Global Spa Summit, 2010)

웰니스산업은 크게 9가지 시장으로 나눠볼 수 있으며, 그 규모는 2010년에 이미 1조 9천억 달러에 달하였다. 웰니스산업에 포함되는 시장은 스파, 보완 및 대체의학, 건강식 및 식이요법, 다이어트, 예방 및 맞춤형 건강관리, 의료관광, 웰니스관광, 직장 내 웰니스, 피트니스, 미용과 노화방지 등이다.

(4) 웰니스관광 시장의 규모와 특성

웰니스산업 영역 중 웰니스관광은 과음, 과식, 여행 스트레스 등 여행이 오히려 개인의 일상에 악영향을 미치는 것에 대한 반대의 개념으로, 개인의 웰빙을 개선 또는 유지하기 위해 선택하는 관광이다.

〈표 5-8〉 웰니스관광 개념(The Global Wellness Tourism Economy 2013&2014, 2015, SRI International)

건강하지 못한 여행 (Unwell Travel)	웰니스관광 (Wellness Travel
과식	건강한 삶
여행 스트레스	휴식
과음	의미추구
낮은 수면의 질	충실한 체험
기존 운동습관 붕괴	질병의 예방과 관리

Wellness Tourism 2020 보고서에 의하면 웰니스관광은 빠르게 성장하고 있으며, 적어도 5~10년 후까지 성장세가 계속될 것이라고 예측되고 있다(한국관광공사, 2015). SRI International의 보고서에 따르면, 2013년 전 세계적인 웰니스 관광의 규모는 4,386억 달러(약 446조 6,500억 원)로 전체 관광산업(3.2조 달러)의 14%에 해당하는 규모이다. 구체적으로는 스파, 헬스 리조트 등 숙박이 934억 달러로 가장 크고, 교통이나 통신 등 여행기반산업의 규모가 그 뒤를 잇는다. 또한 건강식, 유기농 등 음식에 관련된 시장이 719

억 달러, 운동복이나 영양제 등의 쇼핑 시장이 648억 달러, 스파, 피트니스, 의료서비스 등 활동이 614억 달러 규모이다.

웰니스관광 시장 규모   단위: 십억 달러

웰니스관광 시장

여행의 일반적 요소	전세계 4,386억 달러		웰니스적 특징
이동수단 **$91.8** 항공 렌터카, 대중교통 기차, 택시	호텔/모텔 리조트 캠핑장	숙박 **$93.4**	스파(Destination Spa) 헬스 리조트 아사람(인도 수도원) 수련장(Retreat)
	레스토랑 바 분식점	식음료 **$71.9**	스파 페스토랑 건강식 레스토랑 유기농 레스토랑
기타 서비스 **$55.3** 통신 보험, 여행사 컨시어지	기념품, 선물 의류 예술품	쇼핑 **$64.8**	운동복 스파용품 건강식 영양제
	박물관 투어상품 극장	활동 & 체험 **$61.4**	스파, 목욕, 피트니스, 의료서비스 라이프스타일 상담

[그림 5-17] 웰니스관광 시장 규모(Global Wellness Institute, 2014)

웰니스관광은 특히 고부가가치를 창출하는 산업으로 알려져 있다. GWI 의 2015년 보고서에 따르면, 웰니스관광을 주목적으로 방문한 해외 관광객 은 일반 관광객 대비 약 2.8배 더 많은 2,066달러를 지출하며, 일반관광으로 방문하여 웰니스 서비스를 경험한 관광객 또한 일반 관광객보다 많은 1,520 달러를 지출하는 것으로 알려져 있다. 또한 웰니스관광으로 인하여 1억 1,700만 개의 직접적 일자리 창출효과와 1.3조 달러(2012년 전 세계 GDP의 1.8%) 규모의 직간접적 경제적 파급효과가 나타나는 것으로도 분석된다. 웰니스관광은 연평균 9%가 넘는 지속적인 성장세를 이어가며 2017년에는 경제적 파급효과가 6,785억 달러에 달할 것으로 예상된다.

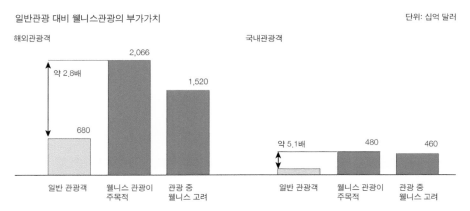

[그림 5-18] 일반관광 대비 웰니스관광의 부가가치(Global Wellness Institute, 2014)

웰니스관광이 각광받는 또 다른 이유는 다른 사업과의 다양한 융복합이 가능하며 특히 문화관광산업과의 융합은 큰 부가가치를 창출할 수 있기 때문이다(보건산업진흥원, 2015). 웰니스관광은 사전에 미리 질병을 예방하고 건강을 향상 · 유지하는 데 초점을 두기 때문에, 웰니스관광으로 적용가능한 범위는 보양, 의료, 미용 등 건강증진 관광, 자연 휴양자원을 이용한 친환경 관광, 전통음식 시식 · 조리를 포함한 음식관광, 문화관광, 농어촌 체험관광 등을 포함할 수 있다. 개인에게 전문적인 기술력과 진료를 제공하는 전문 호텔에 숙박하면서 물리적 피트니스, 미용관리 및 건강영양, 다이어트 및 긴장완화, 휴식 및 지적 활동, 교육으로 구성된 포괄적인 서비스 패키지를 제공받는 것도 포함된다(Muller & Lanz Kaufmann, 2001).

(5) 의료관광과 웰니스관광의 차이

의료관광과 웰니스관광의 차이는 기존 의료관광이 일상과 단절되어 질병의 치료와 관리를 중심으로 의학적 의무가 발생하는 영역임에 비해 웰니스관광은 건강 증진과 유지를 목적으로 예방적 활동을 하며, 생활방식의 변화로 일상으로 돌아가서도 지속적으로 영향을 미치는 등 개인의 의무를 강조한다는 점이다. 환자가 해외에서 치료를 받는 Medical Travel에서 시작된 의료관광은 의료와 관광이 결합된 Medical Tourism을 거쳐 포괄적인 건강 서비스를 소비하는 웰니스관광(Wellness Tourism)으로 그 영역이 확대되고 있다.

[그림 5-19] 의료관광과 웰니스관광의 개념 비교

〈표 5-9〉 의료관광에서 웰니스관광으로의 변화(한국관광공사, 2016)

Medical Travel (~2000)	개념 : 질병 치료가 필요한 환자가 해외 유명 의료기관 등을 찾아 의료 서비스를 소비하는 형태 발생 : 산업적 측면이 아닌 환자의 중증도 및 치료 필요성에 따라 발생 주체 : 병원 중심
Medical Tourism (2000~2010)	개념 : 질병 치료가 필요한 환자가 상대적으로 의료서비스 비용이 저렴하고 함께 소비할 관광 서비스 및 인프라가 잘 갖추어진 국가를 방문하여 관련 서비스를 소비하는 형태 발생 : 태국, 싱가포르 등 정부 차원의 산업 육성 및 마케팅에 따라 발생 주체 : 병원 및 여행업체(유치업체) 중심
Wellness Tourism (2010~)	개념 : 질병 치료가 필요한 환자 혹은 일상적인 건강관리를 원하는 일반인 등 다양한 유형의 소비자가 의료서비스 혹은 건강관리서비스(웰니스서비스) 및 관광서비스를 소비하는 형태 발생 : 민간 마케팅 및 소비자 개인의 니즈에 따라 발생 주체 : 의료서비스 외 다양한 이해관계자의 참여

웰니스관광은 관광을 통해 건강증진과 삶의 질 향상을 추구하는 관광의 새로운 트렌드로 이해된다. 웰니스관광과 관계 있는 용어로는 건강(health),

스파(spa), 서비스(service), 돌봄(care), 목적지(destination), 휴식(relaxation), 관리(treatment) 등을 들 수 있다. 웰니스관광의 대표적인 상품으로는 스파, 기치료, 대체 의학, 영양관리 및 디톡스, 뷰티케어(미용관광) 등이 있다.

(6) 글로벌 웰니스관광 동향

웰니스관광은 미국, 독일, 일본, 프랑스, 오스트리아 등 상위 5개 국가가 전체 시장의 63%를 차지하고 있으며, 상위 20개국 중 절반 이상이 유럽지역에 몰려있다. 가장 큰 웰니스관광 시장인 미국은 애리조나, 캘리포니아, 콜로라도 등의 서부지역과 뉴욕, 코네티컷 등 동부지역, 플로리다를 중심으로 하는 남부지역 등에 스파가 발달해 있다.

우선, 북미, 유럽지역을 살펴보면, 유럽은 수 세기 동안 지역적으로 발달해온 자연 스파(natural spa)와 천혜의 자연환경을 자랑하는 웰니스 리조트(wellness resort)로 유럽 국민뿐만 아니라 북미를 비롯한 세계 각국의 관광객을 유치해왔다. Global Wellness Tourism Congress(GWTC)의 조사에 따르면, 유럽은 매년 세계 웰니스 시장의 40% 이상을 차지하며, 웰니스관광을 목적으로 유럽을 방문한 관광객은 평균 5억 2,400만 명(2012~2013년)으로 나타났다. 스위스, 독일, 체코, 헝가리 등이 주요 웰니스관광 목적지로 주목받았으며 2017년까지 매년 7.3%의 성장률을 나타낼 것으로 예측하였다.

최근 주요 웰니스관광 상품은 스파와 해수요법이며 지난 5년간 연평균 7.3%의 성장률을 보였다. 유럽의 웰니스 관광객들은 유럽 내 관광객, 북미, 중동과 아시아의 부유층이며, 국제관광객보다는 자국 내 관광객이 많다. 반대로 유럽인들이 국제 웰니스관광 시장의 주요 고객이 되기도 한다. 유럽의 웰니스관광은 다른 지역에 비해 다양한 서비스와 다양한 가격대의 상품을 보유하고 있으며 최근에는 4~5성급 호텔들이 스파나 웰니스 서비스를 제공하는 것이 보편화되고 있다. 대표적 웰니스관광국인 독일에는 동종요법(homeopathy)이라는 보완 대체의학이 있다. 이는 Samuel Hajnemann이란 의사가 개발하였는데, 특정 증상을 유발하는 물질은 비슷한 증상을 겪는 환자를 치유할 수 있다는 유사성 법칙에 기초한다. 즉, 환자의 증상과 비슷한 상태를 인위적으로 만들어 특정 증상을 제거하는 대체요법이다. 동종요법을 위해 사용되는 물질은 식물, 광물, 동물의 분비물 등인데 이것을 환자에게 투여하여 자연치유력을 자극하는 방법이다.

아시아 지역은 2012년을 기준으로 북미와 유럽에 이어 3번째로 큰 웰니스 시장을 형성하고 있다. 최근 5년간 연평균 13.4%로 급성장하고 있는 시장으로 인바운드, 아웃바운드, 자국 내로의 웰니스관광 수를 모두 합한 웰니스 관광객 수는 1억 2천만 명, 시장규모는 694억 달러의 규모이다. 웰니스관광으로 인해 약 5,600만 개의 일자리가 창출되었으며 2,138억 달러의 경제적 파급효과가 생긴다고 분석되었다. 아시아 지역은 중국의 한의학 치료법, 태국의 마사지, 일본의 온천, 인도의 요가와 아유르베다 등 국가별로 특화된 웰니스관광 상품을 발전시키고 있다.

그간 한국 의료관광 산업은 우수한 의료진 및 의료기술에 힘입어 빠른 속도로 성장해왔다. 한국의 의료서비스는 우수한 의료장비와 시설, 체계화된 의료동선 및 시스템을 갖추고 있으며, 타 지역의 의료서비스에 대한 가격 경쟁력도 인정받고 있다. 정을 기반으로 한 친근한 문화와 한류로 우호적인 이미지 구축에도 성공적이다. 지역별로 특화된 의료서비스와 한방을 중심으로 하는 진료분야 확대로 국제적 경쟁력을 더욱 높이고 있다.

그러나 현재 국내 의료관광 육성 제도나 지원 정책이 주로 협의의 의료관광객인 외국인환자 유치 위주로 추진되고 있어 유관 산업의 동반성장과 시너지를 통한 고부가가치 달성이라는 본연의 목적 달성에 한계를 드러내고 있다. 성공적인 의료관광 시장의 육성을 위해서는 의료관광을 의료서비스 중심에서 웰니스 서비스 영역으로 확대하고 연관 산업과의 융복합을 통해 고부가가치를 창출하는 시너지효과를 이끌어내야 할 것이다.

(7) 국내 웰니스관광 발전을 위한 전략 방향

예방의학과 삶의 질 관리로 건강관리에 대한 패러다임이 변화하는 시대적 변화에 발맞추어 한국 의료관광이 아시아융복합 의료관광의 중심으로 성장하기 위해서는 의료서비스 중심의 의료관광 산업에 더하여 웰니스 서비스를 포함하는 웰니스관광으로 확대 발전시켜야 한다. 한국관광공사는 이를 위하여 의료관광을 '신체적으로나 정신적으로 현재의 건강 상태를 개선 혹은 유지하거나, 질병을 사전에 예방하기 위한 의도로 다른 나라나 지역으로 이동해 서비스를 소비하는 활동'으로 보다 확장된 개념을 적용하여 정의하였다. 의료관광의 범주도 웰니스 서비스까지 확대하여 일반 관광서비스로 분류되던 일부 항목을 의료관광의 유형에 포함하였다. 의료관광의 유형은 서비스의 확장가능성과 의료기관 의존도, 서비스의 성격 등을 고려하여 치료형, 심미형, 관리형, 예방형, 휴양형으로 구분하였으며, 관광서비스와의 융복합, 더 나아가 건강관리 영역으로까지의 확장을 고려하였다(문화체육관광부, 2016).

의료관광산업 범주의 변화로 발생되는 웰니스관광으로의 확대는 다음과 같이 다양한 관점에서의 성장과 변화를 의미한다. 우선 건강관리 패러다임의 변화에 맞추어 의료관광산업의 범위가 의료서비스 중심에서 예방 및 관리로 확장된다. 의료관광객도 치료중심의 외국인환자에서 건강인을 포함하는 다양한 유형으로 넓어지면서 서비스 제공 주체도 병원중심에서 산업 생태계로 확대된다. 또한 지자체 자원을 적극 활용한 의료관광 상품이 개발되어 서울 중심의 서비스 환경이 지역 전반으로 확장되며, 시장의 주체가 공급자에서 소비자로 전환된다.

[그림 5-20] 유형별 산업 범주(한국관광공사, 2016)

한국 의료관광의 강점을 살리면서도 다양한 이해관계자가 참여할 수 있는 웰니스산업 생태계로 성장시키기 위해서는 그에 걸맞은 한국형 의료관광 성장전략이 필요하며, 이를 위해서는 아래의 [그림 5-21]에서와 같은 프레임워크를 고려한 성장전략을 수립해야 한다. 기존의 주력 의료관광 시장(A 영역)에서는 시장점유율을 강화하기 위해 상품 및 서비스를 개선하고 가격 경쟁력을 제고할 수 있는 다양한 방법을 모색해야 한다. 의료관광객들의 만족요인은 강화하고 불만족 요인은 세심하게 살펴서 개선할 수 있는 전략이 필요하다. 반면 한국 의료관광의 궁극적인 지향점인 미래사업 영역(D 영역)으로의 도약을 위해서는 승부사업을 통해 미래사업으로 진입하여 장기적 성장동력을 만들어가는 전략이 필요하다. 이를 위해서는 시장, 채널 다각화(B 방향)와 새로운 상품의 개발(C 방향)을 동시에 추구하여야 한다. 기존 시장에서 시장영역과 고객범위를 확대(B 방향)하기 위해서는 고객국가별 잠재 수요를 파악하고, 각 시장 특성에 맞는 접근전략을 수립하는 것이 필요하다.

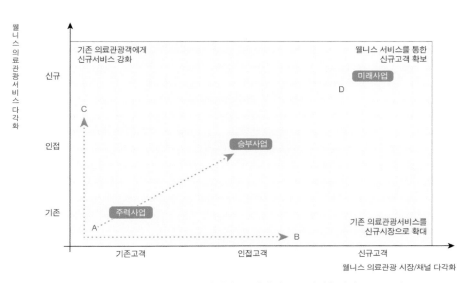

[그림 5-21] 한국 의료관광 성장전략 프레임워크(문화체육관광부, 2016)

　한류의 영향으로 방한 상품에 대한 관심이 급증하거나 자국경제의 큰 변화로 해외여행 수요가 크게 요동치는 등 현지 상황이 급변할 수 있으므로 주요 거점국과 잠재국을 면밀히 분석하여 새로운 의료관광 수요를 발굴하고 기존 의료서비스와 매칭해야 한다. 의료관광 서비스를 다각화하는 전략 방향(C 방향)은 신규 콘텐츠를 개발하거나 기존 상품이나 서비스에 새로운 가치를 부여하여 더 높은 부가가치를 창출하는 전략이다.

　이를 위해서는 의료서비스와 연계된 웰니스 상품의 개발로 의료관광의 부가가치를 높일 수 있어야 한다. 다만 아직까지 서비스 공급 주체별로 웰니스 서비스 수용도에 대한 의견과 입장 차이가 있기 때문에 확대된 의료관광 영역으로서의 웰니스 서비스에 대한 전달가치를 정의하고 의료서비스와의 연계성을 강화할 필요가 있다.

　한국 의료관광의 강점을 최대화하면서도 한국이 새로운 웰니스관광 목적지로의 경쟁력을 갖추기 위해서는 다음과 같은 4가지 방향을 고려한 전략을 수립하고 사업 주체 간의 협의를 바탕으로 다양한 관점에서의 사업을 추진해야 한다.

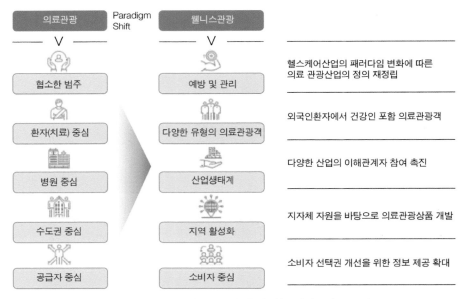

[그림 5-22] 웰니스관광으로의 확대 (한국관광공사, 2016)

첫 번째 방향은 의료관광객의 만족도를 높이는 것이다. 방한 의료관광 수요의 증가에 따라 외국인 관광객의 니즈를 세심하게 살핀 고객 맞춤형 접근방식이 필요하다.

두 번째는 의료관광 시장의 확대이다. 기존에 개별적 또는 중복적으로 진행하던 의료관광 추진체계 간의 역할을 정립하여 거점시장 및 잠재시장 별로 최적화된 마케팅 전략을 수립하고, 이를 바탕으로 의료관광 타깃시장 을 확대하는 한편 상품의 다양성을 확보해야 한다. 세 번째로는 웰니스관 광에 대한 아이덴티티 정립이 필요하다. 이는 웰니스관광, 의료관광에 대 한 명확한 정의와 특화된 브랜드 육성으로 한국만의 웰니스관광에 대한 브 랜드가치를 확보하는 것을 의미한다.

마지막으로는 웰니스산업 생태계 활성화를 위한 지원전략을 고려해야 한다. 웰니스 서비스 수용의 장애요인으로 언급되었던 웰니스 서비스와 관 련된 품질 관리체계가 구축되고 수용태세가 강화될 때 한국의 웰니스관광 브랜드 가치가 높아지고 웰니스산업 생태계 역시 활성화될 수 있다.

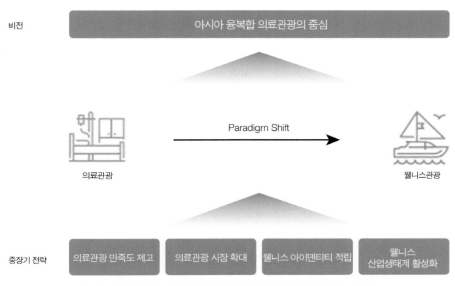

[그림 5-23] 한국 의료관광의 발전 방향(문화체육관광부, 2016)

(8) 웰니스관광 사례 분석

1) 태국 치바솜 헬스 리조트(Chiva-Som International Health Resorts)

태국 후아힌 왕실휴양지 인근에 위치한 치바솜 헬스 리조트는 삶의 안식처라는 뜻으로 방해받지 않는 휴식과 맞춤 프로그램을 통해 몸과 마음을 회복시켜주는 것을 의미한다. 2015년 Spafinder Wellness 365의 Wellness Travel Awards에서 Best for Medical Services로 선정되기도 한 치바솜 리조트는 멤버십제로 운영되지만, 외국인 관광객에 한해 임시 입회비를 내고 이용할 수 있도록 하고 있다. 시암만의 백사장에 있는 리조트는 스파, 피트니스, 물리치료, 홀리스틱 헬스, 영양식, 에스테틱 뷰티를 함께 제공하는 헬스리조트(Destination Spa)로 바다를 내다보는 룸과 스위트룸, 야외수영장 외에 헬스 및 웰니스 센터, 홀리스틱 헬스, 메디컬 센터, 메디 스파, 피트니스 센터 등으로 구성되어 있다.

리조트 내의 유기농 정원에서 재배한 신선한 재료를 사용하여 개인특성에 맞게 유기농 음식이 제공되고, 마사지와 뷰티 트리트먼트를 받거나 댄스 강습, 아쿠아 에어로빅, 수상스포츠, 필라테스, 요가, 태극권, 타이 복싱 등을 즐길 수 있다. 특수 설계된 온수 풀장에서는 쉽고 리드미컬한 동작으로 스트레칭과 매니퓰레이션(manipulation, 뼈나 관절을 올바른 위치에 맞추는 것)을 경험할 수 있다.

치바솜 리조트는 이러한 개인별 맞춤형 프로그램 운영과 질 높은 서비스로 고객의 재방문율이 50~60%에 이른다. 객실 수는 58실에 불과하나 장기 체류로 객실점유율이 80%를 넘고 있으며, 매년 전 세계에서 4,000여 명이 방문하고 있다. 방문객 중 외국인이 88%를 점유하고 있으며, 유럽인 비율이 40%, 아시아 32%, 호주 18% 순이다. 투숙요금은 최소 3박 7만 2천 바트(2천 달러)에서 28박 기준 310만 8천 바트(8만 9천 달러)로 비싼 편이지만 건강에 대한 관심이 증대하고 조용한 휴양과 치유를 즐기고 싶어 하는 고객들로 인해 재방문율이 높다(문화체육관광부, 2016).

2) 싱가포르 리조트 월드 센토사(Resorts World Sentosa)

리조트 월드 센토사(Resorts World Sentosa, 이하 센토사)는 싱가포르의 대표적 클러스터형 복합리조트이다. 싱가포르는 현대적 이미지를 강조하면서 해외 투자와 글로벌 브랜드 유치에 적극적인데, 센토사 역시 말레이시아의 유명 카지노, 리조트 투자회사인 겐팅그룹(Genting Group)이 투자하여 설립되었으며, 글로벌 스파/스킨케어 브랜드인 ESPA에서 웰니스 서비스를 제공하고 있다.

센토사 섬은 싱가포르 남부에 있는 관광 휴양지로 도심에서 떨어져 있다고는 하지만 시내 중심가에서 15분, 창이 공항에서는 30분이면 도착하는 거리이다. 시내와 섬은 도로로 연결돼 있을 뿐만 아니라 모노레일인 센토사 익스 프레스(Sentosa Express)와 케이블카로 이동할 수도 있다. 리조트는 센토사 섬에 약 49만㎡ 규모로 자리 잡고 있으며, 6개의 호텔에 약 1,500개 객실을 비롯하여 유니버셜 스튜디오(Universal Studio), 리조트 월드 카지노(Resort World Casino), 마린라이프 파크(Marine Life Park), 타이푼 극장

(Typhoon Theatre) 등 다양한 엔터테인먼트 시설을 갖추고 있다. 센토사의 6개 호텔은 각각 특징적인 테마로 꾸며져 있는데 열대우림 속에서 휴식을 맛볼 수 있는 에쿠아리우스 호텔과 비치빌라를 비롯하여 세계적 디자이너 마이클 그레이브즈가 디자인한 호텔 마이클, 곳곳에 로큰롤 분위기가 살아 있는 하드록 호텔, 아이를 동반한 가족을 위해 다채로운 색상으로 디자인된 페스티브 호텔, 모든 객실이 스위트룸인 크록포드 타워로 구성된다

관광객들은 대규모 복합 리조트 내에 머물면서 의료서비스를 제외한 휴양·레저·숙박·웰니스 서비스를 받을 수 있으며, 전통 길거리 음식부터 유명 셰프의 요리까지 전 세계 요리들이 즐비해 취향과 예산에 따라 다채롭게 즐길 수 있다. 또한 세계 최대 규모의 수족관 중 하나인 S.E.A 아쿠아리움, 2m가 넘는 인공 파도가 치는 어드벤처 코브 워터파크, 돌고래와 직접 교감할 수 있는 돌핀 아일랜드, 동남아시아에서 유일한 유니버셜 스튜디오 테마파크인 '유니버셜 스튜디오 싱가포르' 등이 있어 다채로운 경험을 할 수 있다. 센토사는 국제모래조각대회인 센토사 센세이션, 블랙문 폼 파티, 주크 아웃 댄스 페스티벌 등 다채로운 이벤트로도 관광객을 사로잡고 있다. 자연풍경도 뛰어 나서 실로소 해변이나 팔라완 해변에서는 바다를 즐길 수 있으며, 인적이 드물고 조용한 탄종 해변은 사색하면서 시간을 보내기에 좋다. 센토사는 가족중심 관광객의 비중이 높은 편이나 훌륭한 컨벤션 시설을 보유하고 있어 소비수준이 높은 MICE 관광객 유치에도 적극적으로 나서고 있다(문화체육관광부, 2016).

3) 제주 WE 호텔

2014년 프리미엄 헬스 리조트를 표방하며 오픈한 제주 위 호텔(WE Hotel, 이하 위 호텔)은 한라의료재단에서 지은 특급호텔이자 병원시설이 갖춰진 헬스 리조트이다. WE는 Water & Energy의 약자로 호텔 내에 103개의 객실과 30개의 병실을 갖추고 있으며, 한라산의 천연림을 활용한 숲치료와 천연화산암반수를 활용한 수치료를 접목한 웰니스 서비스를 제공하

고 있다. Active Aging Management를 강조하여 보다 활력 있고 건강한 삶을 영위할 수 있도록 고객별로 정확한 건강진단 결과를 토대로 정신적, 신체적, 심미적인 지속관리를 제공한다. 관광객은 이곳에 머물면서 의식주를 포함하여 휴양, 뷰티성형, 건강검진, 임상심리, 산림치료 등 여러 요소를 결합한 다양한 힐링 플랫폼 사업 제품들을 직접 체험할 수 있다.

웰니스 센터 수치료에 사용되는 물은 화산섬인 제주도의 현무암 암반층에서 자연 여과된 물로 깨끗하고 안전함이 입증되었으며, 바나듐, 탄산, 칼슘, 칼륨 등 미네랄이 풍부하다. 또한 소나무와 편백나무 군락을 그대로 살려서 조성된 산책코스는 온화한 해양성 기후를 나타내는 곳으로서 한라산 해발 350m에 위치한 지리적 장점을 이용하여 산림테라피를 제공한다. 리조트 내 정원 역시 제주도의 도화인 참꽃군락과 천리향 등으로 꾸미는 등 제주의 돌과 나무를 주제로 지역적 특성을 살리면서 자연치유의 효과도 누릴 수 있도록 조성하였다.

위 호텔은 제주 한라병원 의료진이 전문적이고 안전한 의료서비스를 제공한다. 뷰티센터에서는 성형외과와 피부과 전문의가 안티에이징, 스트레스 릴렉스 등 힐링 중심 케어를 제공한다. 프로그램은 크게 얼굴, 체형, 윤곽 등 미용성형 부분과 리프팅, 모발이식, 엑티브에이징, 화이트닝 등 안티에이징 프로그램으로 나눌 수 있다.

건강증진센터는 검진이라는 소극적 자세에서 증진이라는 적극적 개념으로의 확대를 추구한다. 건강증진센터에서는 연령, 성별, 식생활습관, 스트레스, 건강상태, 가족력, 초기 검진 결과 등 여러 데이터를 통해 개인별 맞춤 검진을 시행한다. 또한 전문의, 영양사, 임상심리사, 수치료사가 함께 건강증진을 위한 컨설팅을 제공하는 것도 특징적이다(문화체육관광부, 2016).

9. 의료기관의 서비스디자인

(1) 의료서비스디자인의 이해

의료서비스는 직접적으로 서비스를 제공받는 것과 의료서비스 이용자가 의료행위를 제공받게 될 때까지 경험하는 모든 의료행위까지 포함하며 질병의 퇴치뿐만 아니라 건강을 증진시키고 건강에 대한 장애요소를 제거하기 위한 예방적 노력을 포함하며 이와 관련된 시장은 지속적으로 성장하고 있다.

의료서비스디자인이란 의료서비스산업 전반의 이해관계자가 의료서비스를 통해 경험하게 되는 모든 요소와 경로에 대해 맥락적인 리서치 방법을 활용하여 다양한 이해관계자의 잠재된 요구를 포착하고 이것을 창의적이고 협력적인 디자인 방법을 통해 실체화하는 방법 및 분야라 할 수 있다. 즉, 서비스 산업 중에서도 의료산업을 대상으로 서비스디자인의 특성을 활용한 디자인 개발 분야인 것이다. 의료서비스디자인에는 개발 대상인 의료서비스가 지니는 고유의 특성을 이해할 필요가 있는데, 이에 대한 내용은 아래와 같다.

사회적 공익개념이 강한 공공재적 성격을 지닌다.

- 국가의 성격이나 철학에 따라 공급체계가 다양하며, 국가의 개입과 규제로 진입장벽이 높다.
- 고도의 전문성이 요구되기 때문에 공급이 비탄력적이다.
- 노동집약적인 고부가가치 산업이며, 다양한 전문인력이 포함된다.
- 의료서비스의 고객은 신체적, 정신적으로 나약한 '환자'라는 특수한 환경에 놓인 사람이다.
- 의사와 환자 사이에는 정보의 비대칭성이 존재한다.
- '의료'라는 재화의 특수성으로 인해 가격보다 품질이 우선된다.

이처럼 서비스디자인은 다른 어떤 산업보다도 의료산업에 적용되었을 때, 의료산업에 대한 이해를 기반으로 산업적 특성을 고려해야 함과 동시에 이에 대한 이해관계자 및 참여자의 높은 전문성이 요구된다고 볼 수 있다.

(2) 의료서비스디자인의 목적

최근 의료계는 의료기관의 과잉공급과 의료 수출 등으로 경쟁이 치열해지고 있고 의료 마케팅 비용으로도 많은 지출을 하고 있다. 이러한 분위기에서 고객유치와 경영개선을 효과적으로 하기 위한 방안으로 의료서비스디자인이 중요한 비중을 차지하고 있다.

성공적인 의료서비스디자인을 위해서는 의료서비스 이용자에게 어떠한 가치를 제공할 것인지에 대한 최고경영자와 구성원 간의 비전공유가 중요하게 작용한다. 또한 개선된 서비스에 대해서도 지속적으로 피드백을 받으며 우선순위를 정해 개선하고 관리하는 것이 필요하다. 의료서비스 이용자에 대한 이해와 배려를 바탕으로 작은 개선이지만 의료서비스 이용자의 경험가치를 증진할 수 있는 특히 전문병원의 서비스가치를 높일 수 있어야 궁극적인 고객만족과 경영개선이 이루어질 것이다.

(3) 의료서비스디자인 사례

1) 분당 서울대병원 건강증진센터 서비스디자인

분당 서울대병원 건강증진센터를 대상으로 검진 이전부터 검진을 받는 과정, 검진 후까지 행위를 확장해 경험가치를 증진하는 서비스디자인이다. 믿음, 알고 있는, 안심과 자부심 있는 경험가치를 증진하는 3가지의 서비스를 다음과 같이 제안했다.

첫째, 환자 특성 알림 서비스인 High-Hi Care는 환자가 두려움을 느끼는 구간에 대해 케어를 선택하여 요청할 수 있는 서비스이다. 둘째, 검사진행 알림서비스 High-Hi Inform은 금식알람 서비스 제공, 개인검사 진척률을 태

그(tag)를 통해 가족에게 문자로 알려주는 서비스이다. 마지막으로 생활관리 서비스인 High-Hi Note는 각각의 생활습관 및 목표량을 적을 수 있게하고 관리할 수 있게 하는 전천후 생활습관 관리 서비스이다.

지도 보기

개인정보 보기

나의 건강관리

[그림 5-24] 분당 서울대병원 건강증진센터 서비스디자인

(2) 함소아한의원

소아대상의 함소아한의원의 가장 큰 성공의 열쇠는 바로 젊은 엄마들에게 '육아 도우미'라는 인식을 각인시켰다는 점이다. 특히 온라인상에서의 육아 도우미 역할은 큰 호응을 얻었다. 함소아의 한의사들은 1999년 개원 초기부터 온라인상에서 엄마들을 대상으로 아이의 질병과 생활에 대한 상담을 해주었는데 이것이 함소아가 전국적인 명성을 얻은 기폭제가 되었다. 함소아가 기존 한의원과 차별화된 또 다른 점은 6개월이 지난 유아들에게, 15일 이상 꾸준히 한약을 처방했다는 점이었다. 유아들에게는 한약이 좋지 않다는 속설을 깨는 계기가 된 것이다. 이와 더불어, 함소아는 한약재의 생산에서 유통까지 전 과정에 걸쳐 품질과 이력을 추적하는 시스템을 갖춰 믿을 만한 한약재의 사용이라는 신뢰를 얻고 아이들에게 먹기 편한 탕약을 제공하기 위하여 컬러 마케팅을 활용, 투명하거나 컬러풀한 한약을 개발하고 한약을 증류하고 천연 향과 맛을 첨가하여 디자인 팩에 담아 먹기 좋은 하마 주스를 개발하였다. 또한 진료 프로세스 이외에도 가정에서 받는 탕약의 택배서비스도 함소아 직원이 직접 배달하여 일관성 있는 서비스를 제공하였다.

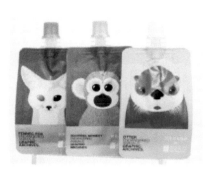

[그림 5-25] '하마 주스'라고 불리는 탕약과 동물 파우치 탕약

[그림 5-26] 한국함소아 택배서비스(좌)와 함소아 노랑버스(우)

〈표 5-10〉 함소아한의원의 감성요소

구분	함소아한의원
시각적 요소	• 키즈 카페를 연상시키는 대기실 • 캐릭터를 활용한 패키지와 오색 탕약 또는 투명 탕약
촉각적 요소	• 탕약 배달 시 함소아 전용 택배 직원의 방문
청각적 요소	• 주치의가 친근하게 아이의 이름을 호명하여 진료실로 안내하여 진료에 대한 두려움 완화 • 진료실에서 아이에게 재미난 이야기를 들려주면서 진료
후각적 요소	• 탕약의 쓴 향을 제거하고 천연 향 첨가
미각적 요소	• 탕약에 달콤한 맛을 첨가하여 아이들이 복용하기 수월

자료: 기존 연구 활용하여 저자 재구성

[그림 5-27] 함소아한의원 대기실(좌)과 진료실(우)

자료: 동아일보(좌), 메디코리아(우)

[그림 5-28] 래플즈 병원

(3) 싱가포르 래플즈 병원(Raffles Hospital)

싱가포르 도심 한복판에 위치한 래플즈 병원은 380병상 규모의 종합병원으로 2010년 설립되었다. 규모만 보면 중간급 종합병원이지만 아시아 화교 거부들이 자주 찾는 부유 계층을 상대로 만들어진 호텔식 초호화 병원이다.

병원에 들어서면 헬스 케어 전문호텔이라는 착각이 드는데 병원로비에서부터 붉은색 유니폼 복장의 프런트 오피서가 환자의 짐을 들어주고 발레파킹 서비스를 제공한다.

로비 정면에는 고객 편의를 위한 서비스 센터가 위치하며 그 안쪽에는 환자와 가족들이 인터넷이나 사무를 볼 수 있는 비즈니스 센터가 마련되어 있다. 암환자를 위해서는 정문 옆 별도의 문을 두어 따로 출입하게 하는 배려도 있다. 이 병원에서는 독한 알코올 냄새는 없으며 휠체어를 타고 복도를 다니는 환자나 사람들로 북적거리는 접수대 또한 볼 수 없다. 팀제로 운영되는 시스템으로 상담과 치료 및 진료를 15분 내에 종료할 수 있도록 하기 때문이다.

병실의 내부 인테리어는 브루나이 왕실을 그대로 본떠 만들었다. 샹들리에와 도금으로 처리한 손잡이 그리고 대리석 욕조 및 영상 회의실은 왕족이 찾는 병원의 이미지를 위해 유지하고 있으며 병원에서 제공되는 음식은 호텔에서 스카우트한 푸드매니저에 의해 제공된다. 이렇게 완벽한 서비스는 의료서비스뿐만 아니라 병을 완전히 치료한 후에도 관광을 올 수 있도록 하는 것이 이들의 목적이다.

의료라는 다분히 보수적인 영역이 소비자들의 감성적 가치를 자극하는 관광과 쇼핑이라는 오락적 요소와 접목하여 래플즈의 창의적 서비스는 '치료 → 관광 → 쇼핑'이라는 싱가포르의 의료허브 모델이라 할 수 있다.

〈표 5-11〉 래플즈 병원의 감성요소

구분	감성요소
시각적 요소	• 브루나이 왕실과 같은 인테리어 • 호텔 입구를 연상하게 하는 정문 앞 빨간 정장의 발레파킹 직원
촉각적 요소	• 카펫이 깔려 있는 조용한 병원의 복도
청각적 요소	• 수술대기실에서 흘러나오는 심신 안정 멜로디
후각적 요소	• 알코올 냄새가 없는 병원
미각적 요소	• 일류 요리사의 병원식 제공

자료: 기존 연구 활용하여 저자 재구성

자신이 글로컬비즈니스마케팅 전략을 세우고자 하는 브랜드 주제를 선택 후, 그 주제를 선택한 배경, 글로컬 브랜딩 전략, 글로컬비즈니스마케팅 전략 방향 및 방법, 홍보 방안 등을 토론한다.

[토론] 글로컬의료서비스마케팅의 사례 분석

1) 국내 의료관광 사례 분석

2) 해외 의료관광 사례 분석

CHAPTER

6

Glocal Business
Marketing

글로컬비즈니스
마케팅 사례

사례

1 대전 전통시장 헤리티지 마케팅 : 헤리티지 마케팅을 활용한 대전 전통시장 활성화

 [사례] 1. 대전 전통시장 헤리티지 마케팅 차례

제1장 서론
    1. 마케팅 배경 및 목적
    2. 마케팅 방법 및 선정 이유

제2장 대전 전통시장 지역활성화
    1. 지역활성화의 의미
    2. 전통시장의 개념 및 특성

제3장 대전 전통시장 현황과 실태
    1. 대전 전통시장의 현황
    2. 우리나라 전통시장의 실태

제4장 대전 전통시장의 헤리티지 마케팅
    1. 활성화를 위한 마케팅 전략
    2. 마케팅 전략에 대한 기대효과

제1장 서론

1. 마케팅 배경 및 목적

대형마트나 대형슈퍼마켓의 유통업체가 빠르게 성장하면서 지역상권의 중심적 장소로 역할을 수행해 왔던 전통시장의 상업활동이 영향을 받아 크게 위축하고 있다. 전통시장은 서민경제에서 중심적 위치에 있기 때문에 이러한 전통시장을 보호할 수 있는 능력이 필요하다. 다양한 노력은 계속되고 있지만, 전통시장의 경쟁력은 점점 상실하고 있으며 지역상권의 활력 회복에 대한 상인 및 지역주민의 체감 정도도 낮은 것으로 나타난다.

전통시장의 어려움은 구조적인 문제, 정부 지원 방법의 문제점 등의 복합적인 모습을 보이고 있다. 전통시장은 대형 유통업체와 비교했을 때 가격적인 면에서 전통시장이 비싼 경우가 많고 소비자의 관점에서 봤을 때도 소비자서비스의 다양한 측면에서 상대적으로 열악한 모습을 볼 수 있다. 이러한 어려움은 여러 기능을 고려해봤을 때 심각한 문제라고 생각한다. 서민을 위한 장소가 노후화된 환경과 이를 개선하지 않고 방치하는 경우가 많았고 일부 전통시장 환경은 붕괴하거나 불이 나는 등의 안전적인 문제를 고려하지 않은 모습을 볼 수 있다.

위와 같은 배경에서 지역상권의 활력 회복과 경쟁력 강화를 위하여 전통시장 마케팅의 필요성을 느꼈으며 마케팅을 통해 문화형, 관광형, 전통시장을 만들어 현대성과 차별성을 동시에 갖춘 대전의 전통시장을 알리고 관광명소로 지역상권을 활성화하는 것을 목적으로 마케팅 전략을 구성하였다. 또한, 전통시장 지원은 어떠한 것이 필요한지 고민하는 시간을 갖고 그동안 정부가 추진해 왔던 전통시장 육성 정책을 검토 및 연구하며 성과를 살펴보면서 대전 전통시장의 활력 회복을 위한 지역활성화 마케팅 전략을 이야기하고자 한다.

2. 마케팅 방법 및 선정이유

다양한 마케팅 방법 중에서 대전 전통시장을 활성화하기에 적합한 헤리티지 마케팅을 방법을 선정하였다. 헤리티지 마케팅이란, 기업과 제품 등 오랜 전통 및 역사를 비즈니스에 활용하는 마케팅이기 때문에 친숙함과 익숙함을 가진 전통시장을 활성화한다는 목적에 적합하였고 현대성과 차별성을 모색할 수 있다는 점에서 이 방법을 선택하였다. 현재 헤리티지 마케팅은 패션, 스포츠, 음식 등 다양한 영역에서 활용되고 있다.

제2장 대전 전통시장 지역활성화

1. 지역활성화의 의미

지역활성화란, 지역과 활성화의 합성어로 지역이라는 공간 및 장소적 의미 위에 형성된 공동체를 말하며 지역사회, 지역 커뮤니티라는 용어와 같은 의미로 사용된다. 간단하게 정리하자면 살기 좋은 지역을 만드는 것이라고 할 수 있다. 이러한 배경에서 지역활성화는 지역주민에 의해 주도되어야 하고 지역주민의 행복한 삶을 위하는 데 두어야 한다고 생각한다. 다양한 측면에서 고려되어야 하고 지역주민 간의 상호협력을 통해 지역문제를 해결해 나가야 한다고 생각한다.

2. 전통시장의 개념 및 특성

전통시장이란, 시장의 정의에서 봤을 때 사회적, 경제적, 문화적 및 기타 대상물을 갖는 장소로서 사는 사람과 파는 사람이 모여 가격이 결정되고 지급되는 곳을 말한다. 간단하게 정리하자면 물건을 사고 판매하는 공간이라고 할 수 있다. 일반적으로 시장은 물건을 사고 판매하는 상황이 일시 및 정기적으로 이루어지며 실제로 거래를 하는 일정한 장소나 건물을 말한다.

전통시장의 장점은 상인들의 높은 선호도, 문화의 주제와 관련한 연상 효과로 시장 이미지를 개선하는 효과 등이 있지만, 전체 시장에 대한 포괄 범위가 작고 정부 지원의 필요성이 적극 표현되지 못했다는 아쉬운 점이 있다. 이와 같은 문제점이 꾸준히 제기되면서 전통시장의 정의는 자연발생적으로 또는 사회적, 경제적 필요 때문에 조성되고, 거래가 상호신뢰에 기초하여 주로 전통적 방식으로 이루어지는 장소라고 규정하였다. 상인과 소비자가 상호신뢰를 바탕으로 거래가 이루어진다고 정의하였지만, 현재 그렇게 운영되고 있는 전통시장이 많지 않다고 생각한다. 이러한 점에서 정부의 개입과 지원이 필요하다고 생각한다.

전통시장은 지역주민의 삶 속에서 거래하는 시장이기도 하지만, 서로 소식을 전하고 이야기와 정보를 나누는 공간이기도 하다. 특히 정보에 따라 상품의 가격과 질이 향상되는 때도 있다. 가장 중요한 것은 지역공동체와 지역문화, 지역경제를 활성화한다는 점이다. 지역주민에게 사회적 문화적으로 공통된 연대의식을 형성하도록 돕는 역할을 하고 계획적으로 조성된 공간이 아닌 자연발생적으로 형성되고 발전된 장소이며 대체로 지역에서 생산되는 상품을 판매하기 때문에 지역경제에 대한 기여도도 높다고 할 수 있다. 위와 같은 배경에서 대전의 전통시장 마케팅의 필요성을 더욱 느끼며 정부의 개입과 지원도 꼭 필요하다는 것을 알 수 있다.

제3장 대전 전통시장의 현황과 실태

1. 대전 전통시장의 현황

대전 전통시장은 대전 관광 홈페이지 전통시장 현황에서 2019년 2월 기준으로 43개 있으며 그중에서 중리전통시장, 중앙전통시장, 도마큰시장, 유성 5일장에 대해 알아보고자 한다. 중리전통시장은 대전을 대표하는 시장으로 30년이 넘는 역사와 수백 명의 상인이 상생하고 있다. 흔히 시장에서 판매하는 채소, 과일, 생선부터 정육 등 다양한 식품 및 음식들이 있고 구경하고 살 수 있는 의류, 신발, 잡화 등 다양한 볼거리도 준비되어 있다. 이 시장의 특징은 중리전통시장을 이용하는 소비자는 1시간 무료 주차가 가능하다는 점이다.

중앙전통시장은 중앙철도시장이라고 불리며 철도를 주제로 요리역과 조리역, 생활역과 패션역으로 나뉘어 있다. 대전역과 역전재래시장이 근처에 있어 교통편이 편리하고 산지직송으로 물건을 판매하는 시장도 가깝게 있다는 특징이 있다. 중리전통시장과 다르게 소비자가 요금을 내고 공영주차장을 이용해야 하지만, 일요일과 공휴일에는 무료로 개방하고 있다.

도마큰시장은 이름처럼 규모가 커서 다양한 물건을 판매하고 있다. 다른 시장과 다르게 대형 유통업체처럼 시식코너가 있어서 여러 가지 음식을 시식해보고 살 수 있는 특징이 있다. 또 이 시장을 이용하는 소비자는 1시간 무료 주차가 가능하다는 점도 있다.

유성 5일장은 4일, 9일, 14일, 19일, 24일, 29일에만 개장하는 전통시장이며 유성 시외버스터미널 근처에 있어 교통편이 편리하다는 특징이 있다. 5일장은 사람이 몰린다는 점을 고려하여 무료 공용주차창을 설치하였다.

2. 우리나라 전통시장의 실태

소상공인시장진흥공단에서 조사한 2019년 기준 우리나라 전통시장 실태에 따르면 전국에서 영업 중인 전통시장이 2018년 대비 24개가 감소하였고 2017년부터 2019년까지 계속 감소하는 추세를 보이고 있다. 이러한 점에서 보았을 때 대전뿐만 아니라 우리나라 전통시장에 대한 마케팅의 필요성은 더욱 강화되고 있다는 것을 알 수 있다.

또한 CCTV 보유 시설과 장애인용 화장실 시설이 아직은 부족다는 것을 알 수 있으며 홍보시설을 보유한 전통시장도 많이 없다는 것을 알 수 있다.

안전적인 부분 중 가장 중요한 소방시설은 갖추지 않은 시장이 많으며 정부가 지원하여 운영된 전통시장은 50%도 되지 않았다. 전통시장의 활성화도 중요하지만, 편의적 문제나 안전적인 문제 등 다양한 부분에서의 지원이 필요하다는 것을 알 수 있다.

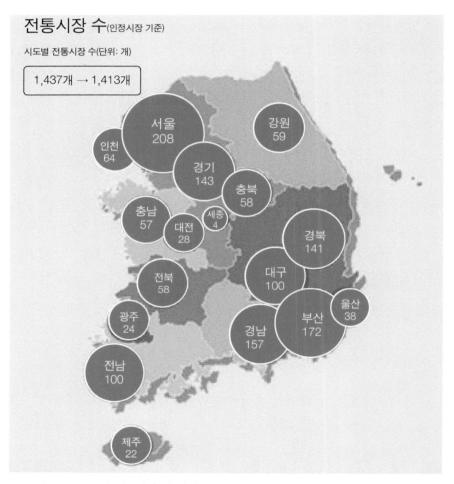

[그림 6-1] 2019년 전통시장 및 상점가 실태조사 결과 기준(소상공인진흥공단, 2021)

일반시설 보유현황

(보유율) (단위: %)

CCTV
(1,217)
86.1%

공동화장실
(1,341)
94.9%

장애인용 화장실
(934)
66.1%

아케이드
(891)
63.1%

가스시설
(1,291)
91.4%

배수시설
(1,375)
97.3%

실외 가로등
(1,396)
98.8%

전기배선 시설
(1,379)
97.6%

홍보시설 보유현황

이벤트 광장
36.2%
(511)

테마거리
17.8%
(251)

TV광고판
29.6%
(418)

LED광고판
14.5%
(195)

안내도
65.5%
(926)

아치/조형물
68.9%
(974)

[그림 6-2] 일반시설 및 홍보시설 보유현황(소상공인진흥공단, 2021)

[그림 6-3] 편의시설 및 소방시설 보유현황(소상공인진흥공단, 2021)

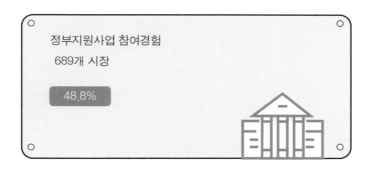

[그림 6-4] 정부지원사업 및 지역상권 협력활동 참여경험 (소상공인진흥공단, 2021)

제4장 대전 전통시장의 헤리티지 마케팅

1. 활성화를 위한 마케팅 전략

대전 전통시장 활성화를 위해 크게 스탬프 행사, 기념품 증정 행사, 관광적 요소, 주차 환경 개선으로 마케팅 전략을 구성하였다. 스탬프 행사는 전통시장의 즐거움 및 재미요소를 주고자 생각한 마케팅 전략이다. 전통시장 전용 앱을 사용하여 먹거리, 체험, 공예로 나누어 참여할 수 있도록 유도하고 일정 횟수의 스탬프를 찍으면 지역 화폐를 증정하는 방식으로 생각하였다. 이때 먹거리, 체험, 공예는 지역 특산물을 활용하여 대전의 특산물인 빵, 버섯, 포도 등을 알리고자 하였다. 예를 들어 체험하는 경우, 포도를 사용하여 포두주를 만들거나 포도잼 만들어보는 활동을 할 수 있다. 이 마케팅 전략은 지역 화폐를 증정하면 다른 시장에서 사용할 수 있는 특징이 있다.

기념품 행사는 스탬프 행사와 다르게 일시적인 행사로 선착순으로 당일 일정 금액 이상을 사용한 영수증을 지참하여 가져오면 기념품을 증정하는 방식이다. 이때 기념품은 대전을 상징하는 인형이나 키링, 텀블러 등 대전을 알릴 수 있는 요소를 사용한다.

관광적 요소는 총 3가지 전략을 생각하였다. 첫 번째는 대전 은행동 으능정이거리에 있는 LED 전광판을 시장에도 설치하는 것이다. 광고나 계절에 따라 환경을 조성하는 방식으로 복잡하고 지저분한 시장의 분위기 및 이미지를 바꾸고 편견을 없앨 수 있다. 두 번째는 전통시장 전용 시티투어 버스를 운행하여 편리하게 관광할 수 있도록 하는 것이다. 세 번째는 전통시장 전용 앱을 만들어서 종이지도의 불편한 점을 개선하여 복잡한 전통시장을 편리하게 이용하도록 하는 것이다.

마지막으로 주차 환경을 개선하는 것이다. 대전 전통시장의 현황에서 본 4곳을 제외한 나머지 대전 전통시장은 주차 환경이 좋지 않다. 따라서 주차장을 신설 및 개선하거나 안전적인 문제로서 CCTV 설치 의무화, 소방시설 설치 지원을 해야 한다고 생각한다.

2. 마케팅 전략에 대한 기대효과

위와 같은 마케팅 전략에 대한 기대효과로 시장의 특성 활성화, 전통시장 마케팅 스펙트럼 확대, 나이 및 국적 확대, 지역 발전이 될 수 있다고 생각한다. 시장의 특성을 활성화해 지역의 특성을 살린 시장을 만들어서 대형 유통업체와 차별화된 서비스를 누릴 수 있는 효과를 볼 수 있다. 또한, 전통시장 마케팅 스펙트럼이 확대되어 다양한 관광정책과 연계하여 전통시장의 고전적인 편견에서 벗어날 수 있고 도시에 있는 전통시장을 관광을 목적으로 인식할 수 있다. 나이와 국적에 대한 효과도 볼 수 있다.

40~50대나 고령층만 찾는 고전적인 전통시장이 아닌 20~30대의 젊은 사람들도 찾는 전통시장을 만들 수 있고 관광적 요소에서 소개한 시티투어 버스를 통해 외국인이 관광을 목적으로 찾아와 다양한 활동을 할 수 있다.

이 마케팅의 근본적인 목적은 전통시장의 지역활성화이기 때문에 지역 발전에 도움을 주어 문화관광형 전통시장으로 발달하여 관광지 요소가 더욱 확대되고 스탬프 행사에서 제공하는 지역 화폐를 사용함으로써 주변 지역 시장에 긍정적인 영향을 줄 수 있다고 생각한다.

배재대학교 유아교육과 황채영

사례

2 치즈의 발효와 항아리 발효의 접목

 [사례] 2. 치즈의 발효와 항아리 발효의 접목

제1장 서론
　　1. 치즈라는 음식을 고른 이유

제2장 본론
　　1. 옹기에 대한 간단한 설명
　　2. 옹기의 숙성방법으로 치즈 만들기
　　3. 항아리 치즈의 마케팅 전략

제3장 결론

제1장 서론

1. 치즈라는 음식을 고른 이유

　미국 사람들에게는 쌀과 떡이라는 재료와 식감은 생소하며, 평소 먹는 향신료와 식재료가 한국 사람들과 다르기 때문에 한국 사람들이 좋아하는 떡볶이가 북미권에서는 매우 실패한 사업이 되어버린 사례를 본 적이 있다. 아시아권에서는 유행하고 해외진출도 성공률이 높았던 떡볶이, 부대찌개, 본죽 등이 북미권에서는 10%(퍼센트)에 채 미치지 못한다는 자료가 있을 정도로, 낯설기만 한 음식이 되어버리는 것이다. 그렇기에 북미 사람들에게도 친숙한 먹거리를 골라야 했고, 비교적 북미에서 요리에도 많이 쓰이는 치즈를 중심으로 잡기로 하였다. 이렇게 치즈라는 음식을 떠올리면서 한국의 문화적인 것 중에서 어떤 것과 엮을 수 있을까 고민하다가 전통 숙성 방법인 항아리가 떠올랐고, 치즈와 항아리의 발효라는 특징적인 면을 융합해야겠다고 생각하게 되었다.

제2장 본론

1. 옹기에 대한 간단한 설명

옹기는 흙의 종류 중 하나로, 어떠한 흙을 사용하느냐에 따라서 적합한 용도와 흙을 굽는 온도가 달라진다. 대표적으로 옹기, 토기, 사기, 자기 등으로 나뉘며, 그릇의 모양에 따라, 항아리, 반옹기, 장독, 질그릇, 오지그릇 등으로 나뉜다. 이번 글로컬비즈니스마케팅 주제로 선정한 것은 옹기흙이다. 옹기 흙은 불과 같은 온도에 구워내어 통풍이 더욱 잘 되며, 구워낸 후 유약칠을 하여 내용물이 흘러내리는 것을 방지한다.

한국 옹기의 장점은 크게 3가지를 바탕으로, 첫 번째로 다른 재활용 용품이나 나무를 태워서 처리하고 묻어서 썩히는 방식의 처리법이 아닌, 다시 흙으로 돌아가는 친환경적인 처리가 가능하다는 환경을 생각한 점. 두 번째로 경제적이고 다양한 쓰임새로 활용할 수 있다는 점과 마지막으로 숨쉬는 그릇이라고 불릴 만큼 통기성이 좋다는 점을 중점으로 옹기의 아름다움과 장점을 알린다.

2. 옹기의 숙성방법으로 치즈 만들기

치즈는 우유를 끓여서 우유가 고체가 되었을 때 건져내어 수분을 짜내고 모양을 찍어, 서늘하고 통풍이 잘 되는 곳에 놓아 숙성시키는 과정을 거치게 된다. 이러한 치즈 만드는 방법을 숙성과정 또는 모양을 찍어내는 것 자체를 항아리 모양으로 하여 치즈를 만든다. 옹기 항아리의 통풍이 잘되고 서늘함을 잘 유지해주는 장점이 치즈를 만드는 과정과 비슷하여 이를 활용한 치즈를 만든다면 비교적 벌레가 적게 끼며, 벌레 퇴치 훈연이나 약을 뿌릴 필요도 없어질 뿐만 아니라, 일반적으로 밖에 내놓아 숙성시키는 치즈보다 냄새를 잘 잡아 줄 수 있다. 더불어 옹기 항아리가 음식에 맞는 발효균으로 치즈를 보다 더 맛있게 숙성시켜 줄 것이다.

3. 항아리 치즈의 마케팅 전략

마케팅 전략으로는 와인카페를 참고하여, 체험 음식점을 생각했다. 음식점의 이름은 옹기종기로, 사람들이 옹기종기 모여있다는 뜻과, 옹기 항아리를 이용하였다는 두 가지에 의미를 담고 있다. 음식점에서는 항아리로 숙성시킨 메인 음식을 위주로, 예를 들어 비교적 수요가 높고 식감에 호불호가 없는 항아리 치즈 보쌈이나, 한국식의 항아리 수제비, 항아리 김치, 막걸리 등을 같이 메뉴로 하고, 음식점 운영과 동시에 항아리로 담근 반찬이나 조미료(간장, 된장, 고추장) 등을 함께 판매한다. 식당의 옆에는 체험을 할 수 있는 작은 공방을 만들어, 손님들이 작은 옹기 그릇이나 질그릇 등을 만들어 갈 수 있도록 한다.

추가로 하위 목표인 한국의 문화 알리기를 달성하기 위해, 음식점의 전반적인 인테리어나 건물을 한옥으로 짓고, 직원들의 유니폼을 생활한복 또는 K-POP 아이돌들이 많이 입어서 알려진 개량한복 등으로 지정하여 한복을 알린다. 동시에 항아리를 이용한 화분이나 어항으로 외부를 꾸미면서 옹기의 다양한 활용법도 보여주면서 우리의 문화를 알리고 지킨다.

두 번째로 북미의 지역적 특성을 살린 마케팅이다. 북미는 가격이 싸고 여러 물건을 한꺼번에 양산하여, 북미에 사는 사람들이 말한 바로는 생산된 물품들이 생각보다 품질이 좋지 못했다는 것이고, 적게 자주 생산하는 것이 아닌 대량의 물건을 많이 만들다보니 모든 품목의 품질이 낮아진다는 것이다. 이러한 북미의 특징을 살려, 좋은 품질의 치즈를 필요한 만큼 사고, 반찬이나 조미료 또한 필요한 만큼 좋은 품질의 물건을 판매한다는 전략을 사용할 것이다. 공방의 사용은 예약제로, 음식을 먹고 사는 것은 예약 우선 제로 운영한다.

제3장 결론

지역과 지역의 특징을 고려하여 접목하는 것이 많이 어려웠고, 항아리 치즈를 생각하기 전에는 빵과 여러 채소와 치즈를 섞으면 어떨까 하고 생각했더니 이미 피자가 있었고, 야채를 안 먹는 아이들이나 북미 사람들을 위해 얇은 피에 여러 채소와 고기를 섞으면 어떨까 하는 생각을 했더니 이미 만두가 있었다. 생각보다 주변에 여러 가지가 접목되었기에 일상이 더 편해지고 다양한 먹거리가 생겼다는 것을 깨닫게 되었다.

배재대학교 심리상담학과 김채원

제1장 서론

1. 성심당 웹툰을 선정한 이유

성심당은 대전을 대표하는 빵집이다. 이미 유명한 성심당을 세계에서도 더욱 알리기 위해서라면 좀 더 다양한 매체의 소개가 필요하다고 생각한다. 요즘 K-POP 때문에 한류가 전 세계 트렌드이다. 그중에서 웹툰도 새로운 만화 시장으로 주목을 받고 있다. 그러므로 성심당 웹툰을 만들면 세계에서도 인지도를 쌓을 수 있다.

또, 내 전공이 웹툰이라 웹툰으로 연결하였다. 웹툰이란 웹에서 보여주기 위해 그린 만화이다. 스마트폰이 발달함에 따라 세로 스크롤 연출을 많이 하며 웹툰은 웹에서 보는 게 특징이라 전파도 빠른 편이다. 웹툰 중에도 브랜드 웹툰이라는 종류가 있는데 특정 제품이나 브랜드를 웹툰 내에 자연스럽게 등장시키면서 마케팅을 하는 방법이다. 드라마 PPL과 비슷하지만 다르다. 드라마 PPL은 기존 시나리오에서 등장인물들이 해당 제품을 홍보하는 방식이라면, 브랜드 웹툰은 처음부터 홍보가 목적이다. 그래서 웹툰 내용이 홍보가 주가 된다.

2. 성심당에 대하여

성심당은 대전의 빵집이다. 대표 메뉴로는 튀김소보루가 있다. 성심당은 정말 사랑받는 빵집이다. 한 연구에서 2020년 5월부터 12월까지 대전 외 거주자 중 대전을 관광 목적으로 방문한 관광객을 대상으로 조사를 진행하였다. 그 결과, 대전 여행 중 방문한 장소에 대한 중복응답 결과 성심당 방문 횟수가 1위, 추천하고 싶은 장소 선호도 응답 결과도 성심당 1위, 추천하고 싶은 음식 1위도 성심당 빵, 추천하고 싶은 기념품도 성심당이 1위였다.

성심당은 기업 이미지도 좋다. 성심당의 김미진 이사는 성심당에서 매일 남은 빵을 보육원과 양로원 등 어려운 이웃에 전달하는 선행을 실천했다. 경제적 이윤으로 보편적 형제애를 실천하는 '모두를 위한 경제'를 모델로 남편 임영진씨와 성심당을 운영하며 수익금 일부는 아프리카 어린이와 각종 장학재단 후원 등에 사용했다. 성심당은 지난 2014년 프란치스코 교황이 한국을 방문했을 때 식사용 빵을 제공하기도 했다. 그래서 김 이사는 교황훈장을 받기도 하였다.

제2장 본론

1. 성심당 웹툰의 방향성

성심당 웹툰은 브랜드 웹툰으로 만들 것이다. 성심당의 홍보를 위해서다.
성심당 웹툰은 에피소드로 전개되는 스토리 만화이며 에피소드별로 스토리를 다르게 설정한다. 장르는 전 세계 공통으로 흥행하는 장르인 로맨스, 일상, 개그, 감동이다.
성심당 웹툰은 성심당 홍보를 위해 작품 중간중간마다 성심당 빵이 들어가 성심당 빵을 독자의 머리속으로 각인시킨다. 성심당 웹툰은 '오징어 게임'의 달고나처럼 사람들에게 각인되어 자신도 모르게 저 성심당 빵을 먹고 싶게 만드는 것이 목적이다.

2. 성심당 웹툰 스토리

에피소드 형식으로 전개되는 만화이며 한 에피소드당 분량이 길다. 에피소드를 로맨스, 일상과 감동 실화 스토리, 빵을 너무 맛있게 먹어서 우스꽝스러운 리액션을 보이는 개그 스토리로 나뉘어서 구성된다.
웹툰은 1~3화 같은 초반이 정말 중요하다. 독자에게 강한 인상을 남겨야 독자가 그 웹툰을 계속 보게 되는 원동력이 된다. 그래서 첫 번째 에피소드를 개그 에피소드로 진행한다. 주인공은 꿈 많은 중학교 1학년에서 시작한다. 이름은 신기한이다. 신기한은 학교를 마치고 집에 가는 도중에 맛있는 빵 냄새를 맡는다. 그 빵 냄새를 따라가니 성심당이 나온다. 그 성심당에서 대표 메뉴인 튀김 소보루를 먹는다. 순간 눈에서 별이 반짝이기 시작하고 만화적 과장된 행동을 보인다. 튀김소보루의 소보루 겉면을 먹고 처음에 감탄한다. 그 바삭함이 신기한의 흥미를 자극한다. 뒤이어 팥의 달콤함이 입 안으로 들어온다. 그 달달한 맛에 신기한은 황홀한 표정을 짓는다. 그리고 바로 냠냠 씹어 삼키며 정신을 차리고 보니 이미 튀김소보루를 다 먹은 뒤였다. 그 이후 신기한은 튀김소보루를 여러 개 사가며 다짐한다. 자신은 제빵사가 되겠다고.

신기한은 이후 20살이 되어 성심당에 취직하려고 한다. 성심당에 취직하기 위해선 성심당 신인전이란 서바이벌의 최후 1인이 되야 했다. 그렇게 첫 예선전을 치르게 된다. 예선전에서 라이벌인 황지수를 만난다. 황지수는 어린 나이에 세계적인 제빵대회에서 우승한 실력이 있는 제빵사이다. 신기한은 예선전에서 10점 차이로 황지수에게 지고 만다. 이대로 집에 돌아가야 하나 고민하는 절체절명의 순간에 패자부활전을 치르게 되고 가까스로 살아남아 본선 8강에 진출하게 된다.

8강 요리 장소에서 우연히 황지수와 재회한다. 서로의 실력을 인정하고 결승에서 만나자고 약속한다. 황지수와 신기한은 그 약속을 생각하며 8강에서 이겨 4강전에서 만난다. 그러나 황지수는 4강전에서 올라오지 못했다. 황지수의 상대가 너무 강력했기 때문이다. 그 상대는 악명 높은 제빵사 김태호였다. 신기한은 김태호를 이겨 황지수의 설욕을 풀려고 했다. 그렇게 대망의 결승전 당일이 다가왔다. 피나는 결전 끝에서 마침내 최후의 1인이 되어 성심당의 유명한 신인으로 데뷔한다. 신기한은 이제 모든 이에게 먹으면 입 안에서 행복이 전해지는 빵을 만들게 되었다.

두 번째 에피소드는 로맨스 일상 장르의 에피소드다. 이 에피소드는 성심당의 자회사 중 하나인 '케익부띠끄'가 주가 되는 내용으로 남녀 주인공의 연애 스토리이다. 여자 주인공은 반복되는 일상에 지친 회사원이다. 야근을 많이 하는 회사 때문에 자신을 보살필 시간이 없던 탓이다.

퇴근길에 예쁜 성심당 케익부띠끄를 발견한다. 케익부띠끄에 전시된 케이크에 매료된 여자 주인공은 가게를 방문한다. 그 순간 잘생긴 남자 주인공이 여자 주인공을 반겨준다. 여자 주인공은 순간 설렘을 느낀다. 남자 주인공은 손님응대를 한다. 여자 주인공은 맛있어 보이는 케이크를 보면서 행복한 감정을 느낀다. 몽블랑을 사고 집에 와서 먹는 순간 입 안에서 밤

맛과 달콤한 맛이 난다. 힘들었던 하루가 몽블랑 한입으로 풀리는 순간이었다. 그 후 여자 주인공은 성심당 케익부띠끄의 단골이 된다.

사랑은 케이크를 타고 점점 스며들듯이 서로를 인식해가는 두 사람이었다. 크리스마스 날에 남자 주인공은 여자 주인공에게 고백을 하려 한다. 크리스마스를 위한 특별한 케이크를 만든다. 여자 주인공이 좋아하는 재료인 초콜릿과 딸기를 넣어 딸기케이크를 만든다. 포장까지 마친 후 남자 주인공은 이제 고백할 준비를 한다.

대망의 크리스마스 당일. 남자 주인공은 1시간 일찍 나와서 여자 주인공을 기다린다. 추운 날 곧 고백할 생각에 기다리면서 남자 주인공은 춥지 않았다. 약속시간이 다가오고 여자 주인공이 등장한다. 서로의 모습을 보며 기분 좋은 설렘을 느끼기 시작한다,

저녁을 먹고 난 후 남자 주인공은 레스토랑에서 여자 주인공에게 조용히 고백했다. 여자 주인공은 크게 기뻐하며 사귀기로 한다. 그 후 남자 주인공을 만든 초코딸기 케이크를 함께 먹으며 즐거운 시간을 보낸다.

세 번째 에피소드는 감동 실화 스토리이다. 이 이야기는 성심당 창업주의 실제 이야기를 각색하여 담을 것이다. 성심당 창업주인 임길순 씨는 6.25전쟁 생존자이다. 피난 배를 타면서 그는 기도했다. '이 전쟁에서 살아나 목숨을 이어가게 된다면 평생 어려운 이웃을 위해 봉사하며 살아가겠습니다'라고 말이다.

배는 사흘 만에 무사히 거제도에 닿았다. 그러나 곧 돌아갈 거라 생각하고 변변한 살림살이 하나 없이 떠나온 피난민의 삶은 녹록지 않았다. 거제도에서 잡아온 생대구를 사서 국을 끓여 파는 장사를 하며 겨우 연명했다. 삶은 나아질 기미를 보이지 않았고 이후 진해로 이사했다가 다시 서울로 갈 결심을 했다. 성당에서는 진해에서 올라온 가난한 피난민인 임길순 씨에게 구호물자인 밀가루 두 포대를 나눠 주었다. 그의 아내 한순덕 씨는 밀가루 두 포대를 먹고 나면 또 살아갈 일이 막막하다는 생각에 아이디어를 낸다. 밀가루로 찐빵을 만들어 팔기로 한 것이다. 그런데 장사를 할 만

한 곳이 없었다. 일단 오가는 사람들로 붐비는 대전 노점에서 장사를 시작하기로 했다.

놀라운 것은 그 노점에서 장사를 하면서도 가게 명패를 세운 것이다. '성심당'. 예수의 마음을 나타내는 '성심'을 빵집 이름으로 정하고 그렇게 노점 장사를 시작했다. 초창기 장사는 쉽지 않았다. 장사를 하고 돌아오면 또 다음 날 장사 준비를 해야 하는 힘들고 빠듯한 생활의 연속이었다. 그런 와중에도 임길순 씨는 배에서의 기도를 기억하고 실천했다.

주변에서 자신이 할 수 있는 봉사거리를 찾아 하기 시작했다. 난리통에 죽어가는 사람들이 많던 시절, 성당에는 장례를 치를 일이 많았다. 임길순 씨는 장례가 있을 때마다 성당에 가서 시신을 염하는 일을 직접 했다. 그는 누구도 좋아하지 않는 그 일을 수십 년간 도맡아 했다. 팔고 남은 빵들을 주위에 나눠준 것은 물론이었다.

경쟁이 아닌 상생, 독점이 아닌 나눔을 목표로 운영되는 빵집. 이곳이 대전 시민 모두가 사랑하는, 나아가 대한민국 국민들의 사랑을 받는 기업으로 성장할 수 있었던 토대는 창업주 임길순 씨가 메러디스 호에서 했던 간절한 기도에 있다.

3. 그 외 수익창출

웹툰 하단부에 성심당 홈페이지로 가는 링크를 올린다. 그러면 웹툰을 다 본 독자들은 그렇게 칭송하는 성심당의 빵의 맛이 궁금할 것이다. 홀린 듯이 사이트를 들어가게 되고, 맛있어 보이는 빵 사진들을 본다. 그러면 성심당의 빵을 주문해보게 된다. 그렇게 먹은 빵은 맛있어서 작품 후기 댓글란에도 성심당 빵의 맛에 대해 적혀 있는 것이다. 그러면 댓글을 보고 궁금해진 사람들이 다시 빵을 주문할 것이다. 그렇게 돕고 돕는 구조로 가는 것이다. 성심당은 국내 내부에선 이미 배달시스템이 탄탄하다.

성심당은 이미 대전의 중요한 심벌이다. 여기서 웹툰이 잘 되어 해외로 수출할 경우 해외에서도 더 강하게 인식될 수 있게 한다.

우선 미국에는 세 번째 스토리로 홍보를 열심히 한다. 미국은 자국에 대한 자부심이 큰 편이다. 그런 미국이 한국전쟁을 도와주어 성심당 창업주의 목숨을 살려준 것에서 나중에 성심당을 차려 세상에 환원하는 스토리이다. 그럼 자신들의 국가에 자부심을 한층 더 느낄 수 있고 그렇게 구한 빵집의 빵맛이 궁금할 것이다.

그때 해외전용 빵 밀키트를 만들어 팔거나 한다. 최근 '오징어 게임'이 인기를 끌면서 해외에서도 달고나 게임이 유명해졌다. 틱톡 챌린지로 맛있는 빵 밀키트를 만들어서 먹는 챌린지를 한다. 많은 사람이 참여하여 제일 조회수가 높은 사람에게는 상금을 주는 식으로 홍보를 한다.

제3장 결론

1. 웹툰 기대효과

우리는 요즘 IP사업의 발달을 많이 보고 있다. 웹툰이나 소설 원작을 드라마나 영화로 각색하는 사업말이다. 만약 성심당 웹툰이 IP확장을 하여 드라마나 영화로 제작된다면 더 많은 독자, 소비자 유입이 가능해진다. 특히 한국 드라마나 영화는 칸 영화제나 K-POP 등으로 세계에서 인정받고 있다. 그럼 세계로도 성심당을 홍보할 수 있게 된다. 그러면 전 세계적으로도 유명한 맛집 빵집이 되는 것이다.

배재대학교 아트앤웹툰학과 권진아

사례

오늘은 내가 제빵사

 [사례] 4. 오늘은 내가 제빵사

제1장 서론
    1. 대전의 '성심당'
    2. 빵 키트를 선택한 이유 – "오늘은 내가 제빵사"
    3. 성심당을 선택한 이유

제2장 본론
    1. 빵 키트 제작과정 및 주의점
    2. 빵 키트 홍보 방안
    3. 빵 키트 설명서

제3장 결론
    1. 빵 키트의 기대효과 – 지역 경제 활성화
    2. 추가적인 목표 – 성심당의 신념 실현 및 환경 보호

제1장 서론

1. 대전의 성심당

11월 20일 대전 근현대사 전시관에서는 "빵모았당"이라는 슬로건을 내걸고 빵 축제가 열렸다. 34개의 대전지역의 빵집과 6개의 지역 참여 업체가 함께한 이번 축제는 올해 대전에서 처음으로 열린 빵 축제였다. 대전 역시 타 지역과의 특수성으로 "빵"을 선택하고 대전의 대표적인 빵집인 성심당을 비롯해 하레하레, 뚠뚠제과, 콜마르브레드와 같은 다양한 빵을 통해 독창적인 브랜드와 특유의 빵 맛을 내세워 빵과 관련된 다양한 마케팅을 시도하면서 지역경제를 활성화하려고 하고 있다. 이처럼 빵에 대한 열띤 열기로 "빵지순례"라는 말까지 생길 정도였다. 또한, 대전마케팅공사는 대전을 빵의 명품도시로 거듭날 수 있게 하는 것이 목표라는 뜻을 밝히기도 하였다.

2. 빵 키트를 선택한 이유 - "오늘은 내가 제빵사"

빵 키트를 선택한 이유를 살펴보기 위해서는 빵 키트의 근본이 되는 밀키트의 장점을 살펴볼 필요가 있다.

(1) 밀키트의 장점

바쁜 현대인의 삶이 계속되고 1인 가구가 증가하는 등에 따라 간편한 식사를 지향하는 사람들이 많아졌다. 즉, 밀키트의 장점은 편리하게 조리할 수 있으면서도 이와 동시에 음식의 질을 보장할 수 있다는 것이다. 이미 반조리가 되어 있는 상태에서 포장된 밀키트의 경우에는 포장을 뜯어 단순 조리만 하면 되며 조리가 되어 있지 않은 밀키트의 경우에도 필요한 양만큼 소분되어 있는 재료들을 통해서 설명서를 참고해 조리만 해주면 된다. 특히나 1인 가구에 있어서 필요한 양 이외에 불필요한 식자재를 구매할 낭비를 덜어주며 요리 경험이 많지 않은 사람도 설명서를 활용하여 퀄리티

있는 음식을 쉽게 완성시킬 수 있다. 이 외에도 밀키트 내에 있는 다양한 양념장과 재료들을 자신의 취향과 기호에 맞게 조절하여 조리할 수 있다는 장점도 있다.

(2) 빵 키트 제작 이유

빵 키트 역시 시중에서 판매되고는 있지만 다양한 종류가 존재하지는 않는다. 빵 키트는 밀키트의 장점에서 고안되었으며 이제는 주식인 'Meal'에서 벗어나 디저트인 'Bread'까지 키트를 이용해 간편하게 집에서 간단한 주방도구로 다양한 종류의 빵을 직접 만들어 먹으면 좋지 않을까 하는 생각에서 시작되었다. 또 다른 장점으로는 자신의 기호에 맞춘 빵을 만들 수 있다는 것이다. 평소 빵집을 가면 너무 달거나 빵 속의 재료의 양 등과 같은 개인의 입맛과 취향 차이로 인해서 구매하기가 꺼려졌던 개인적인 경험이 있다. 이 외에도 알레르기가 있는 재료를 포함하고 있는 빵이 있거나 혹은 본인이 원하는 재료를 더 추가해서 먹고 싶었던 적도 있었다. 이러한 점들을 개선하기 위해서 만들어진 빵 키트는 표준화된 빵보다는 표준화된 빵을 기본으로 하여 개인의 취향을 반영할 수 있는 차별적인 빵을 접하고 싶은 소비자의 욕구를 반영한 것이다. 또한, 이러한 이유로 인해 빵 키트 제작에 대해 가장 잘 설명해줄 수 있는 슬로건을 "오늘은 내가 제빵사"로 정했다.

코로나19와 같은 팬데믹 상황에서 안전성을 위해 자신이 직접 집에서 만든 빵을 먹고 싶은 경우, 자신이 먹고 싶은 빵집과의 물리적 거리가 멀어 갓 만든 따뜻한 빵을 접하기가 어려운 경우 등을 비롯해 다양한 문제들을 빵 키트가 해결할 수 있을 것이다. 밀키트를 세계적으로 수출할 경우에는 국가마다 상이한 입맛과 식재료로 인해 거부감이 상대적으로 클 수 있지만 빵의 경우에는 빵 자체가 가지는 디저트로서의 세계적 보편성이 큰 데다가 해당 빵의 핵심역량(빵의 모양, 빵의 속재료 등)을 크게 벗어나지 않는 범위 내에서 개인 및 국가의 취향을 반영할 수 있는 빵을 만들어 그로 인해 거부감을 훨씬 덜 수 있다는 장점이 있다.

3. 성심당을 선택한 이유

대전에는 하레하레, 뚠뚠제과, 콜마르브레드, 발효 제빵소, 달달보드레와 같은 지역을 대표하는 다양한 빵집이 있다. 하지만 그중에서도 유동 인구가 가장 많은 대전역 내부와 대전역 근처에 존재하는 즉, 가장 대전을 잘 대표해줄 수 있는 빵집인 성심당을 선택했다. 이는 단순히 성심당의 유명한 빵을 이용해 빵 키트를 제작하여 판매하는 것에만 초점을 두는 것이 아니라 성심당이라는 대전의 유명한 빵 브랜드를 이용해 빵 키트를 제작함으로써 성심당이라는 브랜드의 홍보와 더불어 대전이라는 지역을 국내 및 세계적으로 알리는 데 더 중요한 의의와 목표가 있다.

제2장 본론

1. 빵 키트 제작과정 및 주의점

빵 키트의 제작 목적은 간편하게 자신이 원하는 빵을 만들어 먹는 것에 있다. 하지만 여기서 중요하게 생각해야 할 부분은 빵 키트를 제공하는 기업은 '성심당'이라는 것이다. 즉, 성심당만이 가진 핵심역량은 훼손하지 않은 상태에서 빵키트가 제공되어야 하며 그러한 상태에서 소비자들이 자신이 원하는 빵을 만들 수 있게 해야 한다는 것이다. 여기에서 말하는 성심당만의 핵심역량은 빵의 모양, 빵의 레시피, 빵의 속 재료 등이다. 빵 모양을 최대한 똑같이 구현할 수 있게 하는 빵틀을 제공하고 성심당 빵의 맛을 최대한으로 구현할 수 있는 레시피가 적힌 설명서를 제공하며 빵의 속 재료는 진공 포장하여 전체적인 키트를 제작할 것이다. 하지만 여기서 주의할 점은 모든 소비자들이 가진 주방기구와 전자제품이 다르다는 점을 고려하여 보편성이 가장 크고 구매경로 확보가 쉬우며 가격대가 적당한 전자제품을 활용할 수 있는 레시피를 제공해야 한다는 것이다. 이에 대해 예를 들어 보자면 전자레인지, 에어프라이어기 등이 있다.

2. 빵 키트 홍보 방안

빵 키트 제작이 끝나면 이를 국내 및 세계적으로 홍보해야 한다. 가장 먼저 국내 홍보를 위해서는 다양한 SNS를 활용하는 방법이 있다. 인스타그램, 페이스북, TikTok 등의 플랫폼을 이용해 홍보를 하거나 블로그 체험단에게 성심당 빵 키트를 제공하고 솔직한 리뷰를 통해 홍보하는 방법 등이 있다. 이 외에도 라이브 커머스를 활용해 실시간으로 빵 키트를 제조하는 모습을 보여주고 질의응답을 받으면서 다양한 소비자 층을 불러 모으는 등의 방법이 있다. 이렇게 국내에서 다양한 소비자 층이 쌓이고 어느 정도의 수요가 생기면 세계적으로 빵 키트에 대한 인지도를 쌓아야 한다. 이를 위해서는 자신이 마케팅을 목표로 할 국가를 선택하고 해당 국가의 유동 인구가 많은 지하철 역, 공원, 마트 등에 빵 키트 자판기를 설치하는 등의 방법을 통해 홍보를 시작한다. 키트 자판기의 경우 소비자의 입장에서는 시간과 공간의 제약을 받지 않고 키트의 구매가 가능하며 판매자의 입장에서는 초기 비용이 크지 않은 편이기에 세계적인 시장으로 뻗어 나갈 수 있는 좋은 방법이 될 것이다. 그렇게 세계적으로 어느 정도의 인지도를 쌓고 나서는 국가별로 빵 키트 자판기 매장을 설치하여 점차적으로 다양한 빵 종류의 키트를 판매하는 범위까지 마케팅의 범위를 넓혀갈 예정이다.

3. 빵 키트 설명서

국내 및 세계적으로 빵 키트에 대한 홍보 역시 중요하지만 지속적인 수요를 위해서는 소비자들이 빵 키트를 손쉽게 제조할 수 있게끔 하는 것이 중요하다. 국내 소비자의 경우에는 한국어로 적힌 설명서를 읽고 쉽게 따라할 수 있지만 국제적인 즉 세계적인 소비자의 입장에서는 한국어로 적힌 설명서를 읽기 어려울 것이다. 이에 영문 설명서를 제작하여 같이 배포한 다. 하지만 이러한 방법으로 모든 국가의 소비자를 위한 설명서가 되는 데 에는 무리가 있다. 그렇다고 해서 모든 국가의 소비자를 위한 설명서를 제 작하는 것도 설명서 제작을 위한 비용에 한계가 존재하기 때문에 어려울 것이다. 이러한 부분들을 고려하여 언어의 장벽에 얽매이지 않고 제조과정 을 쉽게 설명할 수 있는 방법을 고안하던 중 시각적인 부분을 공략하면 언 어의 한계에서 벗어날 수 있다는 생각이 들었고 이에 동영상을 생각해 냈 다. 빵 키트를 이용하여 해당 빵을 만드는 과정을 동영상으로 촬영하여 이 동영상을 유튜브라는 플랫폼에 업로드하고 이에 대한 링크를 설명서에 넣 거나 QR코드로 만들어 설명서에 넣는다면 언어의 장벽에서 벗어나 전 세계 적인 소비자 모두가 빵 키트를 사용하는 데 무리가 없을 것이라고 예상된다.

제3장 결론

1. 빵 키트의 기대효과

대전을 가장 잘 대표해 줄 수 있는 빵집인 '성심당'을 선택하여 빵 키트 (bread kit)를 제작하고 국내 및 세계적으로 판매하며 단순한 브랜드의 홍보 에서 그치는 것이 아니라 '대전'이라는 지역을 더 널리 알리고 그로 인해 대전 지역의 경제를 활성화하는 데 최종 목적이 있다. 여러 신문 기사들을 살펴보면 서울, 경기, 부산과 같은 타 지역에 비해 대전은 외국인 방문율이 현저히 낮음을 확인할 수 있다. 이번 빵 키트를 통해 성심당이라는 브랜드 를 세계적으로 알리고 성심당을 바탕으로 하는 빵 테마파크, 빵 박물관, 빵 축제 등을 더욱 활성화시켜 이러한 곳들이 대전의 지역 관광 요소 중 하나 가 되게 하는 데 최종 목표가 있다. 즉, Bread Kit를 통해 브랜드 홍보와 더불어 '빵'이라는 요소를 이용해 대전 지역 홍보를 함으로써 코로나 극복 이후 대전광역시의 외국인 유치에 있어서 시발점이 될 수 있기를 기대하는 바이다.

2. 추가적인 목표

(1) 성심의 신념

성심당은 "당일 생산한 빵은 당일에 모두 소진한다"라는 원칙하에 그날에 팔고 남은 빵이 있으면 전쟁 고아나 노숙인들에게 나눠주는 등의 빵 기부가 전통으로 이어져 오고 있다. 이는 윤리적 경영의 우호적인 이미지를 형성하면서도 기업에 대한 소비자들의 신뢰도를 쌓는 데 도움이 되었다. 이러한 신념은 성심의 역사를 거슬러 올라가다보면 만나게 되는 독실한 천주교 신자인 창업주 임길순 암브로시오에서 시작된다. 이러한 신념을 반영하여 빵 키트 역시 유통기한이 지나 판매할 수 없게 된 경우 키트 자체의 유통기한은 지났지만 속 재료 중에서 유통기한이 넉넉한 재료들을 따로 모아 고아원, 보호기관 등에 기부하고 형편이 넉넉하지 않아 제빵에 관심과 흥미가 있어도 도전하지 못하는 사람들에게 나눠주고 성심당 측에서 주관하는 온/오프라인 제빵 수업 등을 통해 다양한 기부 활동으로 성심의 신념을 꾸준히 실현할 것이다.

(2) 환경 보호

밀키트가 소분된 재료를 통해 집에서 쉽고 간편하게 요리할 수 있다는 다양한 장점을 갖는다면 당연히 여러 단점들도 존재할 수밖에 없다. 그 중에서도 가장 큰 관심사가 되는 것은 단연코 환경보호와 관련된 문제이다. 밀키트에 들어가는 재료를 포장하기 위한 포장지의 사용량이 많기 때문이다. 이러한 포장지는 대부분 비닐 또는 플라스틱으로 이루어져 있으며 이와 같은 포장의 문제를 해결하기 위해 포장을 최소화하는 방법이나 친환경 포장재를 도입하는 방법 등이 논의되고 있다. 환경보호를 위해서 밀키트 자판기 옆 혹은 밀키트 자판기 매장 내에 밀키트 구성품 중에서 재활용이 가능한 포장지를 회수할 수 있는 자판기를 따로 둘 것이다. 이 자판기를 통해 재활용이 가능한 포장지를 반납하면 '페이백'과 같은 개념으로 밀키트 할인 쿠폰이나 제휴 업체 할인 쿠폰 등을 제공함으로써 환경보호에 대한 기업의 이미지를 구축함과 동시에 밀키트의 꾸준한 수요를 확보할 수 있을 것으로 보인다.

배재대학교 무역물류학과 김소현

5   대전 오월드 '오징어 게임' 테마파크

 [사례] 5. 대전 오월드 '오징어 게임' 테마파크

제1장 서론
    1. 마케팅 배경 및 목적
    2. 마케팅 방법 및 선정 이유

제2장 본론
    1. '오징어 게임'에 대하여
    2. 대전 오월드 오징어 게임 테마파크 운영 방식
    3. 대전 오월드 오징어 게임 테마파크 마케팅

제3장 결론
    1. 헤리티지/글로컬 마케팅 관점으로 본 기대효과

제1장 서론

1. 마케팅 배경 및 목적

다른 지역 사람들에게 '대전' 하면 떠오르는 것이 무엇이냐고 질문한다면 흔히 성심당, 과학엑스포, 칼국수 등이 있다. 그리고 항상 언급되는 타이틀이 하나 있는데 바로 '대전은 노잼도시'라는 타이틀이다. 타 지역에 비해 관광객들이 관심을 가질 만한 특색과 외국인 관광객이 대전을 방문했을 때 크게 흥미를 느낄 만한 관광요소가 부족하다고 느꼈기에 이러한 타이틀이 붙었다고 생각한다. 때문에 이제는 더이상 '노잼도시'가 아닌 재미가 가득한 '유잼도시'로 바뀌어야 할 전환점이 필요하다고 생각했다. 그중 대전에는 '오월드'라는 놀이공원이 있는데 놀이공원은 한 지역을 대표하는 관광요소로서 대전을 특색 있고 재밌는 관광도시로 변신시켜줄 수 있는 소재로 적합하다고 생각하여 대전의 오월드를 선택하게 되었다.

2. 마케팅 방법 및 선정 이유

다른 지역의 놀이공원을 통한 마케팅 성공 사례를 살펴보면 경주의 '경주월드'가 있다. 예전에는 경주가 단순히 옛 유적지 탐방을 위한 수학여행의 도시였다면 현재의 경주는 젊은 세대들에게 '경주월드'로 훨씬 잘 알려져 있다. 경주월드는 국내 최초이자 세계 6번째 90도 수직 낙하 롤러코스터 '드라켄' 놀이기구를 도입했고 이로 인해 예능 프로그램 촬영지, 젊은 세대들의 체험 SNS 인증 등으로 마케팅함으로써 큰 성공을 이루었다. 소셜미디어의 발달을 통해 재밌는 소재가 발굴되면 금방 입소문이 타기 마련이다. 경주월드의 '드라켄'에서 볼 수 있듯이 특색 있고 임팩트 있는 하나의 요소만 가지고 있어도 놀이공원으로서 경쟁력을 가지고 지역을 대표하는 사례를 확인할 수 있다. 따라서 대전 오월드에 새로운 재미를 선사할 수 있는 놀이기구나 테마파크를 도입하는 방안을 생각해보았고, 최근 전 세계적으로 인기를 얻고 있는 '오징어 게임' 소재를 활용한 테마파크를 도입하는 아이디어를 구상해 보았다.

제2장 본론

1. '오징어 게임'에 대하여

오징어 게임은 OTT 서비스인 '넷플릭스'에서 공개된 한국에서 제작한 드라마 콘텐츠이다. 고액의 상금이 걸린 의문의 서바이벌 게임에 참가한 사람들이 최후의 승자가 되어 상금을 얻기 위해 목숨을 걸고 극한의 게임에 도전하는 이야기를 담은 넷플릭스 시리즈이다. 파격적인 스토리라인으로 전 세계적으로 큰 관심을 받은 작품이며, 특히 오징어 게임에 등장하는 게임의 종목이 모두 한국 고유의 친숙한 놀이들이라는 점에서 외국인들에게는 신선한 소재로 다가왔다. 그중에서 '달고나 뽑기'는 외국인들 사이에서 SNS를 통해 패러디가 활발히 이루어지고 있을 정도로 큰 유행을 불러 일으켰다고 한다. 또한, 극 중 등장하는 신발, 복장도 함께 큰 인기를 얻으며 해당 제품의 매출이 급상승할 정도로 오징어 게임이 전 세계적으로 많은 인기와 사랑을 받고 있다는 것을 실감할 수 있다.

2. 대전 오월드 오징어 게임 테마파크 운영 방식

오징어 게임의 극 중 등장하는 게임을 직접 참여해보는 '게임 부스 구역'과 코스튬과 관련 굿즈들을 체험하고 구입할 수 있는 '체험 구역'으로 나누어 테마파크를 운영한다. 게임 부스 구역에서 진행을 도와주는 직원들은 오징어 게임에 등장하는 코스튬을 착용하여 게임의 몰입감을 더욱 높이고 외국인 관광객을 위해 게임의 설명을 한글과 영어로 동시 내레이션 방송하

도록 한다. 오징어 게임에서 등장하는 게임은 총 6개이며 모두 한국 고유
의 게임들이다. 각 게임에 해당하는 부스를 운영하는 데 있어 극 중 등장하
는 폭력적인 부분은 모두 배제하고 한국의 고유 문화 게임이라는 점을 잘
살려 친숙하고 즐거운 분위기에서 진행될 수 있도록 한다. 체험 구역에서
는 관광객들이 직접 극 중 등장하는 코스튬을 입고 기념 사진을 촬영할 수
있는 포토부스를 설치하고, 관련 굿즈들을 구입할 수 있는 마켓도 운영한
다. 오징어 게임 테마파크에서의 추억을 기념할 수 있는 공간으로 만들어
SNS에서의 인증을 통해 외국인들과 젊은 세대들에게 흔히 '핫 플레이스'라
는 인식을 주고자 한다.

3. 대전 오월드 오징어 게임 테마파크 마케팅

마케팅은 총 3가지의 방법으로 구상해 보았다.

첫째, 5월 5일 어린이날에 '오월드 오징어 게임 페스티벌'을 진행한다. 오
징어 게임의 내용 중 게임의 주최자는 어릴 적 동심으로 돌아가 아무 걱정
없이 친구들과 뛰놀던 때가 그리워 우리나라 전통 놀이를 주제들도 게임
종목을 선택했다고 밝힌 적이 있다. 이 점과 연관 지어, 어린이날의 동심과
오월드, 오징어 게임의 앞에 '오'가 두 번 들어간다는 점에서 5월 5일에 오
징어 게임 페스티벌을 진행한다. 어린이날에 어린이들뿐만 아니라 이곳에
서는 어른들도 오징어 게임의 추억의 놀이를 하며 동심으로 돌아가보는 취
지이며, 할로윈 때 각자 좋아하는 캐릭터의 코스튬을 입고 이태원을 거니
는 것처럼, 5월 5일 대전 오월드 오징어 게임 테마파크에서는 오징어 게임
에 등장하는 일꾼 복장 또는 참가자 초록 트레이닝 복장 코스튬을 입고 페
스티벌을 즐긴다. 이 페스티벌은 타 지역의 관광객과 외국인들을 5월 5일
에 대전을 방문하게 만드는 이유가 될 것이며, SNS 인플루언서와 유명 유
투버들의 참가를 통해 마케팅이 활발히 진행될 것이다.

둘째, 테마파크 이용 시 오월드 자유이용권/경품 증정 이벤트를 한다. 테

마파크에서 진행하는 게임에 모두 통과한 참자가들은 오월드 무료 자유이용권을 포함한 오징어 게임 굿즈들을 경품으로 받을 수 있는 이벤트를 진행한다. 오징어 게임 테마파크에서 각 종목에 맞추어 게임 부스를 운영하고 각 부스를 통과할 때마다 스탬프를 찍어주는 형식으로 진행한다. 스탬프를 모두 획득하면 게임을 모두 통과한 것으로 간주하고 제일 좋은 성적으로 통과한 참가자에 한해서 1등부터 5등까지 오월드 자유이용권, 5등부터 10등까지 오징어 게임 관련 굿즈를 경품으로 제공하는 이벤트를 진행한다.

셋째, 오월드 마스코트 캐릭터 '다정이 다감이'를 활용한 오징어 게임 컬래버 캐릭터를 제작한다. '카카오'의 라이언, 'EBS'의 펭수처럼 한 기업을 대표하는 캐릭터가 큰 인기를 얻어 그 기업의 마케팅 효과에도 크게 기여하는 것을 확인할 수 있었다. 따라서 대전 오월드를 대표하는 마스코트 캐릭터 '다정이 다감이'를 활용한 오징어 게임 컬래버 캐릭터 제작을 생각해보았다. '다정이 다감이' 캐릭터에 오징어 게임의 시그니쳐 의상인 일꾼 복장과 참가자 트레이닝복을 입고 있는 콘셉트로 제작을 하며, 이를 활용한 캐릭터 굿즈도 함께 제작하여 인형, 키링, 케이크 등 관련 상품과 함께 마케팅을 진행한다.

제3장 결론

1. 헤리티지/글로컬 마케팅 관점으로 본 기대효과

'오징어 게임'에서 등장하는 게임인 '무궁화 꽃이 피었습니다', '달고나 뽑기', '줄다리기', '구슬치기', '딱지치기' 등 모두 한국 고유의 게임들이며 우리나라 사람들에게 익숙하며 친숙한 게임들이다. 이러한 특징들로 보았을 때 오랜 전통과 역사를 비즈니스에 활용하는 마케팅인 '헤리티지 마케팅'과도 연관성을 보이고 특히 익숙하고 친숙함을 특징들로 가진 이 게임들을 통해 어른들에게는 옛 시절에 대한 향수를, 어린이들에겐 새로운 놀이의 신선함을, 외국인들에게는 '오징어 게임'의 주인공이 되어 게임을 해보는 재밌는 경험과 동시에 한국의 고유 문화와 게임을 체험해 볼 수 있는 색다른 기회를 제공해 줄 수 있을 것이다.

또한, 이렇게 대전 오월드의 오징어 게임 테마파크가 지역에서 먼저 성공하고 훗날 해외시장에 진출하게 되었을 때, 진출한 그 나라만의 전통게임을 주제로 한 오징어 게임 테마파크를 나라별로 특색에 맞게 진행한다면, 글로컬마케팅으로서 효과도 기대해 볼 수 있을 것이다.

배재대학교 항공운항과 이윤수

[토론] 글로컬비즈니스마케팅 이론을 적용한 사례 분석

1) 글로컬비즈니스마케팅 이론 및 사례 분석을 통한 자신만의 글로컬비즈니스마케팅 전략은?

참고문헌

강홍빈(2010), 서촌 사람들의 삶과 일상 2, 서울역사박물관.

고종원·최영수(2005), 프랑스 주요 와인생산지 및 와인투어를 사례로 한 장소마케팅에 관한 연구, 관광정보연구, 21, 29-49.

권상집(2016a), 한류 확산을 위한 CJ E&M의 디지털 및 글로컬 콘텐츠 전략, 한국콘텐츠학회논문지, 16(12), 78-90.

권상집(2016b), 한류 증진을 위한 CGV의 성장 전략: 중국 시장을 중심으로, 한국콘텐츠학회논문지, 16(6), 576-588.

김기옥(2013), 디자인이 경쟁력이다, 심포지엄인터뷰, 2013. 2. 28.

김기홍·서병로·강한승(2013), 웰니스산업, 대왕사.

김성수(2014), 문화혼종, 글로컬문화콘텐츠, 그리고 콜라보레이션, 글로벌문화콘텐츠, 16, 43-72.

김소현·황용철(2013), 적합한 문화마케팅: 스마트폰 산업에서 문화 마케팅이 브랜드 로열티에 미치는 효과, 문화산업연구, 13(3), 105-113.

김예림(2017), 전통시장의 관광지화 및 지원정책에 대한 이용객들의 인식, 한국조경학회지, 45(6), 76-89.

김영재(2011), 실패사례 분석을 통한 문화콘텐츠 세계화 방법론 연구, 한국언어문화, 44, 31-58.

김우정(2002), 문화마케팅의 시대, LG애드.

Kim, H. R., & C. U. Heo(2012), The relationships among tourist attractiveness, satisfaction, and behavioral intention of culture tourism oriented traditional markets. Korean Journal of Tourism Research, 25(6): 141-15.

Deloitte Consulting(2014), 대원제약 중장기 경영전략보고서.

롤런드(2000), 로버트슨, 세계지역화: 시간, 공간과 동질성, 이질성, 윤민재 편저, 근대성 탈근대성 그리고 세계화.

문화체육관광부(2016), 한국 의료관광 마케팅 2016.

민민식(2002), 메세나 활동을 통한 브랜드 구축 사례, 오리콤 브랜드 저널.

박은숙(2007), 서울의 시장, 서울특별시사편찬위원회.

박정현(2003), 문화마케팅, LG주간경제.

박치완·김성수(2009), 문화콘텐츠학과 글로컬문화, 글로벌문화콘텐츠, 2, 7-35.

박치완 · 김성수 · 조소연 · 김기수 · 김현정 · 언규 · 원지영 · 임동욱 · 조소연 · 최준
    홍(2009), 글로컬문화콘텐츠, 어떻게 그리고 왜?, 한국외국어대학교 출판부.
박치완(2013), 관계가치의 관점에서 본 개인과 사회, 국가와 문화의 상관성, 해석학
    연구, 33, 335-367.
백서인 · 권상집(2015), CJ E&M의 혁신 및 성장 메커니즘: 기업가적 지향성, 융 · 복
    합 전략, 공유가치 창출, 기업경영연구, 22(5), 201-228.
보건복지부 2019년 국민보건계정, 국가승인통계 제117068호.
보건산업진흥원(2015), 글로벌 헬스케어 융복합 비즈니스 모델 개발 연구.
삼성경제연구소(2011), 헬스케어 3.0: 건강수명시대의 도래.
소상공인진흥공단(2021), 2019 전통시장 · 상점가 및 점포경영 실태조사 보고서.
송정은 · 남기범 · 장원호(2014), 한류의 지속을 위한 국제공동제작의 필요성: CJ
    E&M의 동남아 현지화 사례를 중심으로, 한국콘텐츠학회논문지, 14(6), 339-354.
양현미 · 윤용중 · 김소영 · 강명국 · 곽영식(2002), 기업메세나 운동의 효과 분석, 한
    국문화정책개발원.
이나희 · 배광진 · 장용준(2020), 전통시장 재생사업을 위한 활성화 방안고찰-용문
    전통시장 상인을 중심으로, In Proceedings of the Korean Institute of Landscape
    Architecture Conference(pp.31-32), The Korean Institute of Landscape Architecture.
이지은(2019), 의료법률비서실무, 백산출판사.
OECD Health Statistics 2021.
장한별 · 황두현 · 지상현(2017), 관광을 통한 전통시장 활성화 과정에서 나타나는
    사회적 자본의 변화 연구: 서울시 종로구 통인시장을 사례로, 대한지리학회지,
    52(2), 225-243.
전용선(2003), 삼성전자 애니콜 매트릭스 프로모션, 제일커뮤니케이션즈.
정운성(2013), 헤리티지 콘텐츠를 활용한 글로컬 브랜딩에 관한 연구-제주도내 30
    개 화장품 브랜드를 중심으로, 브랜드디자인학연구, 11(4), 27-38.
하진 · 유동환(2017), 중국시장 진출 시 브랜드명의 글로컬화 특징 분석, 문화콘텐
    츠연구, (11), 115-140.
한국관광공사(2016), 한국 의료관광 산업 생태계 현황분석 및 의료관광 활성화 중
    장기 전략.
한국관광공사(2016), 2015 의료관광 만족도 조사.
한국관광공사(2016), 한국의료관광 산업 생태계 현황분석 및 의료관광 활성화 중
    장기 전략.

한국관광공사(2015), 의료관광산업분류체계 설정 및 경제적 파급효과 분석.

한국문화예술진흥원(1993), 기업메세나운동의 이해: 외국의 사례를 중심으로, 한국 문화예술진흥원 문화발전연구소.

한국보건산업진흥원(2015), 글로벌 헬스케어 융복합 비즈니스 모델 개발 연구.

한국보건산업진흥원(2014), 한방의료 환자유치 및 해외진출 활성화 방안.

현대경제연구원(2019), 방탄소년단(BTS)의 성공 요인 분석과 활용방안.

현대경제연구원(2018), 방탄소년단(BTS)의 경제적 효과.

保爾江·歐拉孜(2014), 「漢語中的數字文化-說 "雙數"」, 『現代語文』.

Cohen, R., & Kennedy, P., Global Sociology (2nd ed.), New York University Press, 2007.

Jee, J. H., & H. S. Lim.(2000), A study on the traditional periodic marketplace as cultural tourism resources, Journal of Travel Study 12: 241-261.

Muller&Lanz Kaufmann(2001), Wellness Tourism: Market Analysis of a Special Health Tourism Segment and Implications for The Hotel Industry.

Global Wellness Institute(2014), The Global Wellness Tourism Economy.

Global Spa Summit(2010), Spas and The Global Wellness Market.

Smith, M., & Puczko, L.(2009), Health and Wellness, Elsevier Ltd. 7.

SRI Internationa(2013, 2014, 2015), The Global Wellness Tourism Economy.

World Health Organization(1948), Health is a state of complete physical, mental and social well-being and not merely the absence of disease or infirmity.

DBR(2014), Local → Global → Glocal 맥도널드가 세계를 점령한 공식, 2014.4. https://dbr.donga.com/article/view/1101/article_no/6352

Designhouse M+(2012.4), 통영거북선호텔, http://mdesign.designhouse.co.kr/article/article_view/101/59482

문화일보(2021.10.6), 오징어게임 열풍타고… 세계로 뻗는 K-푸드, http://www.munhwa.com/news/view.html?no=2021100601032527330001

문화마케팅의 개념과 유형(2022.1.9.), https://m.blog.naver.com/PostView.naver?isHttpsRedirect=true&blogId=yuyonho&logNo=20109037982

삼성SDS, 인사이트 리포트(2022.1.9), 글로벌 일류기업 도약을 위한 현지화 전략, https://www.samsungsds.com/kr/insights/1258457_4627.html

서울경제(2018.7.13.), 태양의서커스 중 가장 화려한 볼거리…쿠자 KOOZA 국내 초연 https://www.sedaily.com/NewsVIew/1S22HXRTDR

소비라이프(2021.11.5), 훨훨 나는 K-콘텐츠… 오징어게임은 어떻게 세계를 사로잡았나, http://www.sobilife.com/news/articleView.html?idxno=32221

시사저널(2018.12.21), 방탄소년단, 글로벌 감성 시대 아이콘, https://www.sisajournal.com/news/articleView.html?idxno=179261

신아일보(2020.12.22), CJ 비비고 만두 매출 1조원 넘었다…K-만두 세계화 '앞장' https://www.shinailbo.co.kr/news/articleView.html?idxno=1357481

아시아경제(2020.9.16), BTS 빌보드 1위와 韓문화산업… '신(新)한류' 르네상스 열려면, https://www.asiae.co.kr/article/2020090607482902447

여행신문(2017.6.2.), 아시아 시장 공략하는 태양의 서커스, http://www.traveltimes.co.kr/news/articleView.html?idxno=100837

Explore France(2021), 프랑스 친환경 와이너리에서 즐길 수 있는 지역별 이색 체험 https://kr.france.fr/ko/news/list/experiences-vignobles-bio

제주의 소리(2013.2.28), 제주 담은 이니스프리, 매출 4배 껑충 비결은, http://www.jejusori.net/news/articleView.html?idxno=126486

조선비즈(2020.10.21), 미국 시장 접수한 비비고 만두, 글로벌 매출 1조 눈 앞, https://biz.chosun.com/site/data/html_dir/2020/10/20/2020102002696.html

주간경향(2020.9.16), 슈퍼히어로들의 트랜스미디어 스토리텔링, https://n.news.naver.com/article/033/0000041457

주간조선(2011.10.24), 중국인 8 사랑은 못 말려, http://weekly.chosun.com/client/news/viw.asp?nNewsNumb=002178100028&ctcd=C05

중앙일보(2021.11.28), LA공항부터 오빠 들썩…세계각국 아미 몰려간 BTS 콘서트, https://www.joongang.co.kr/article/25027492#home

중앙일보(2008.5.22), 중국인의 마음 잡아라 8자 마케팅, https://www.joongang.co.kr/article/3155827#home

중앙일보(2002.2.25), 재패니메이션과 아니메가 갖는 의미, https://www.joongang.co.kr/article/476008#home

채널 CJ(2013.5.9), 비비고 3주년, 세계를 매혹시킨 비비고의 맛, https://cjnews.cj.net/%EB%B9%84%EB%B9%84%EA%B3%A0-3%EC%A3%BC%EB%85%84-%EC%84%B8%EA%B3%84%EB%A5%BC-%EB%A7%A4%ED%98%B9%EC%8B%9C%ED%82%A8-%EB%B9%84%EB%B9%84%EA%B3%A0%EC%9D%98-%EB%A7%9B/

COS'IN(2016.5.9), 제주 자연주의 브랜드 이니스프리, https://www.cosinkorea.com/mobile/article.html?no=17048

파이낸셜뉴스(2021.9.30), BTS 서울관광 홍보영상, 9일 만에 조회수 1억뷰 돌파,
    https://www.fnnews.com/news/202109300828486257

한겨레(2021.10.7), 보르도·토스카나 아닌 영동으로 떠나는 와이너리 투어,
    https://www.hani.co.kr/arti/specialsection/esc_section/1014207.html

한국경제(2020.11.14), 빌보드 1, 2위 휩쓴 BTS의 성공 비결은 G·T·S,
    https://www.hankyung.com/life/article/202010135350i

한국경제(2019.8.31), 빅맥은 맥도날드 형제가 개발하지 않았다,
    https://www.hankyung.com/life/article/201908297835g

한국경제(2005.12.12), 대장금 드라마 한류의 꽃, https://www.hankyung.com/life/
    article/2005120969781

한국생활체육뉴스(2021.11.12), 이순신장군배 국제요트대회 통영에서 열린다,
    http://www.kstnews.co.kr/news/articleView.html?idxno=17019

한국일보(2021.8.26), 파리바게뜨, 해외매장 430개 돌파 글로벌 베이커리로,
    https://m.hankookilbo.com/News/Read/A2021082610340000703

현대카드의 문화마케팅(2022.1.9.), https://indimusik.tistory.com/466

저자 소개

이지은
배재대학교 지식재산경영센터장
배재대학교 산학협력단 조교수

포스트코로나 시대를 위한 **글로컬비즈니스마케팅**

2021년 12월 20일 초판 1쇄 인쇄
2021년 12월 30일 초판 1쇄 발행

지은이 이지은
펴낸이 진욱상
펴낸곳 (주)백산출판사
교 정 박시내
본문디자인 오행복
표지디자인 오정은

저자와의
합의하에
인지첩부
생략

등 록 2017년 5월 29일 제406-2017-000058호
주 소 경기도 파주시 회동길 370(백산빌딩 3층)
전 화 02-914-1621(代)
팩 스 031-955-9911
이메일 edit@ibaeksan.kr
홈페이지 www.ibaeksan.kr

ISBN 979-11-6567-427-4 93320
값 15,000원